求道の念仏行者

山の播隆

黒野こうき

まつお出版

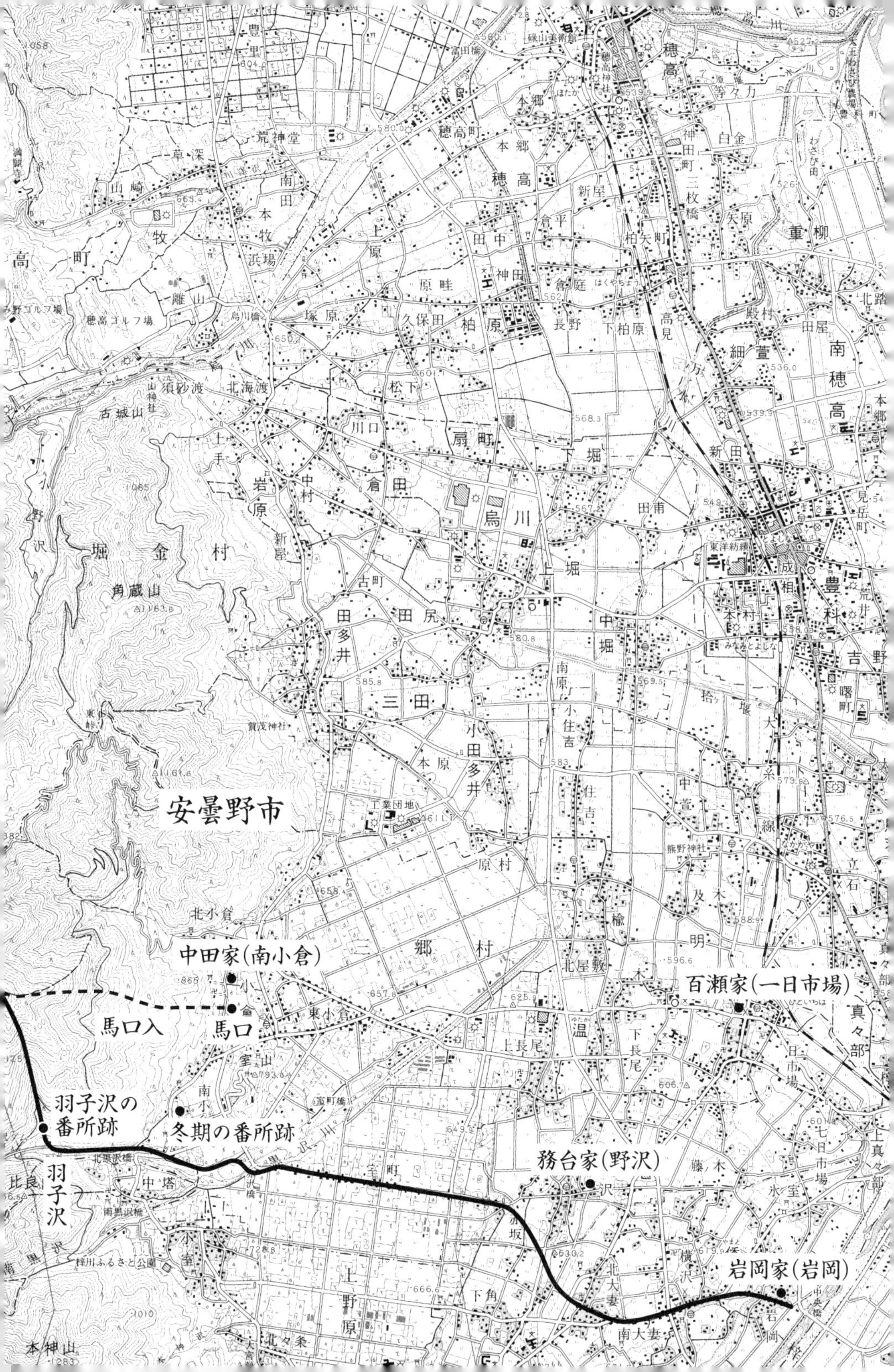

安曇野市
中田家(南小倉)
馬口入
馬口
羽子沢の
番所跡
冬期の番所跡
羽子沢
務台家(野沢)
百瀬家(一日市場)
岩岡家(岩岡)
堀金村
三郷村
穂高
豊科
烏川

穂高町
前常念岳
堀金村
大平原
三股
浅川山
穂高町
あづみ野ゴルフ場
野沢
小瀧(大滝山北峰)
大久保(八丁ダルミ)
鍋冠
牛首(冷沢)
大滝
松本市
山大路
羽子沢の
番所跡
金比良
羽子沢
黒沢山
安曇村
本神山
鈴小屋トンネル

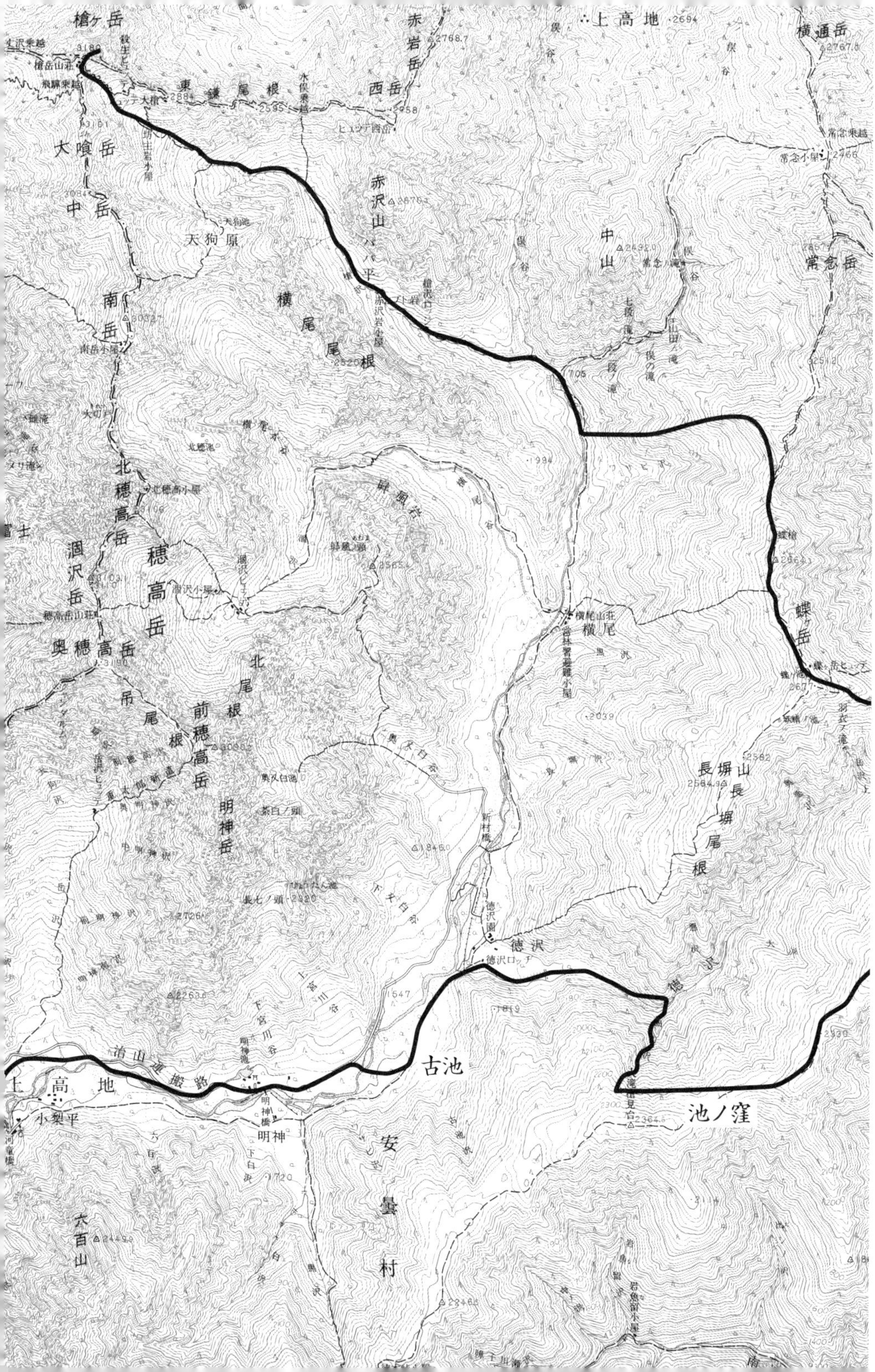

槍ヶ岳
3180
槍岳山荘
飛騨乗越
東鎌尾根
2884
2595
水俣乗越
西岳
2758
ヒュッテ西岳
赤岩岳
2768.7
上高地
2694
横通岳
常念乗越
常念小屋
2466
大喰岳
3101
中岳
3084
天狗池
天狗原
赤沢山
ババ平
中山
常念岳
南岳
南岳小屋
横尾尾根
2520
大切戸
北穂高小屋
北穂高岳
3106
屏風岩
屏風ノ頭
1994
蝶槍
涸沢岳
穂高岳
涸沢小屋
穂高岳山荘
横尾山荘
横尾
蝶ヶ岳
蝶ヶ岳ヒュッテ
奥穂高岳
3190
吊尾根
北尾根
前穂高岳
2039
長塀山
長塀尾根
2582
奥又白池
奥又白谷
茶臼ノ頭
明神岳
新村橋
長七ノ頭
2920
下又白谷
徳沢園
徳沢
徳沢ロッヂ
1547
1819
下宮川谷
明神池
治山運搬路
古池
上高地
小梨平
河童橋
明神橋
明神
池ノ窪
安曇村
1720
六百山

槍ヶ岳
大喰岳
中岳
南岳
北穂高岳
涸沢岳
奥穂高岳
天狗岩
間ノ岳
西穂高岳
鏡平
秩父平
抜戸岳
杓子平
笠新道
小池新道
下丸山
奥丸山
左俣谷
左俣林道
中崎尾根
右俣谷
蒲田富士
中崎山
右俣林道
白出小屋
穂高平
上宝村
中崎
鍋平
西穂平
千石尾根
新穂高温泉
神坂
槍見
佳留萱
中尾
西穂山荘
割谷山
松本市
上高地
小梨平
上口湯屋
田代池
六百山
焼岳
新穂高温泉スキー場

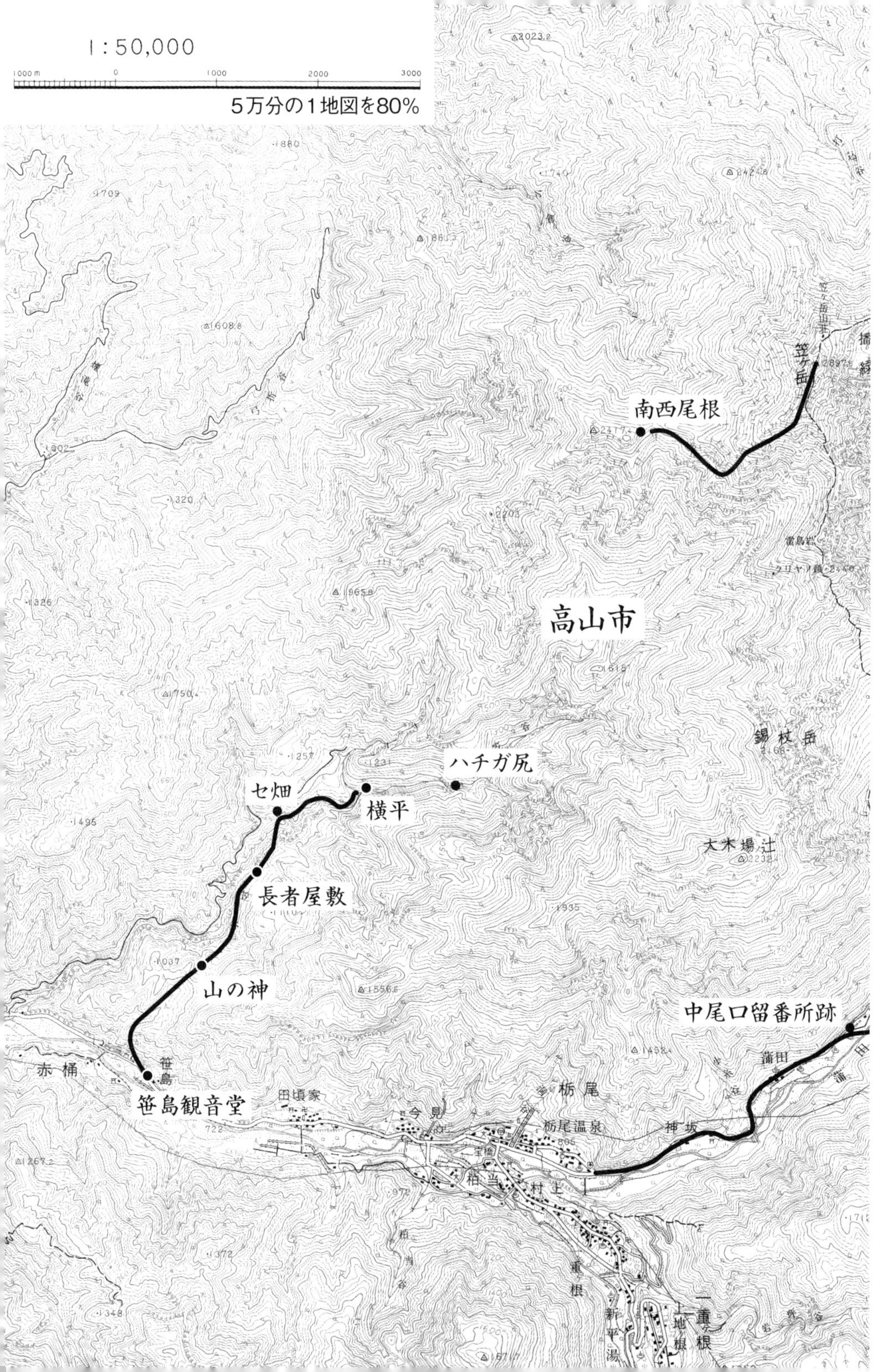
1:50,000
1000m
0
1000
2000
3000
5万分の1地図を80%
笠ヶ岳
南西尾根
高山市
錫杖岳
大木場辻
ハチガ尻
セ畑
横平
長者屋敷
山の神
中尾口留番所跡
笹島観音堂
赤桶
田頃家
今見
栃尾
栃尾温泉
神坂
蒲田
柏当
村上
重根
新平湯
一重ヶ根

目次

※禅定　心静かに瞑想し真理を観察すること。ここでは山に登り修行すること。

※開闢　開山（初登頂）し、登山道を整備して山を広く開放すること。

はじめに

播隆（一七八六〜一八四〇）の事績を語るとき、「山の播隆　里の播隆」という言い方をしている。

「山の播隆」とは、山中の岩屋、修行場で念仏修行する播隆の足跡のことである。

播隆が残した山岳の足跡に、大きなものとして伊吹山禅定《※ぜんじょう》（山籠修行）、笠ヶ岳再興、槍ヶ岳開山・開闢《※かいびゃく》の三つがあり、これらの事績のあいだには各地の里山、低山での修行も数多く残されている。ここではこの三つの大きな事績と、現在判明している主な修行地を紹介する。

第一章では、多賀大社や南宮山と伊吹山禅定との関わりを、第二章では、笠ヶ岳再興における地元の本覚寺・椿宗の支援を、第三章では、五回の槍ヶ岳登山の内容を述べた。第四章では、各地に残る修行場を巡り、第五章では、播隆の厳しい修行の実態を明らかにした。

播隆が登ったルートで伊吹山、笠ヶ岳、槍ヶ岳を歩きたいと思って現地を訪ねたが、すでに当時の登山道は消滅しており、道なき道を登山に関して素人のわたしが辿ることは不可能であった。現在使われている登山道を使ってそれぞれの山頂に立つことしか出来なかった。

伊吹山のルートは登山道を確定することが出来ず、笠ヶ岳のルートは設置された石仏を辿れば可能だが、登り口周辺の石仏しか確認しておらず、しかも現在は使われていないルートで、よほどのベテランでないと山中に入れない。こころある登山家が山中に設置された石仏を探索しているのが現状である。槍ヶ岳への道は、一部を除いて、おぼろげながら歩くことが出来る。

播隆の法灯は、播隆開山寺院の一心寺（岐阜県揖斐川町）、正道院（岐阜県岐阜市）、関連寺院の浄音寺（岐阜県御嵩町）、本覚寺（岐阜県高山市）、玄向寺（長野県松本市）、祐泉寺（岐阜県美濃加茂市）、あるいは各地に残る播隆念仏講、念仏行事などに受け継がれている。

史料編では、播隆と関わった人々が書き残した文書によって播隆本人や、当事者たちの動向がわかる。それによって、立体的に山の播隆が浮かび出されてくると思われる。

『播隆入門』（平成二十六年・まつお出版）とあわせて研究等に活用してくだされば幸いである。

第一章　伊吹山禅定

伊吹山と南宮山

伊吹山禅定の前、播隆は伊吹山と向かい合う南宮山（四一九メートル）の山上で修行していた。南宮山の奥の院で山籠修行していた播隆は霊夢によって伊吹山（一三七七メートル）へと移っていく。『行状記』によれば三度、あるいは四度の参詣、山籠修行の記述がある。

また、播隆が越中（富山県）の生家に送った文書の中に『濃州一宮南宮奥院山篭記』には文政七年（一八二四）秋の末か初冬に南宮山奥の院で修行した様子が記述されており、前年の文政六年にも参詣している。

それらの史料によれば、播隆が修行地を探しているときに旅先の人から南宮山奥の院を紹介されて有縁の地とし、七日間の無言の別時、あるいは一夏九十日の念仏行などを厳修したという。

『行状記』※には「……霊夢に大悲観世音の御告げあり、近江の伊吹の嶺頂にて千日の別時念仏を行すべし……」と記されており、「伊吹山千日別時の事」、「再度伊吹登山の事」という章がある。

※『行状記』『開山暁播隆大和上行状略記』の略称。明治二十六年に弟子たちによって刊行された播隆の一代記。

播隆上人画像
浄音寺蔵（岐阜県可児市）

伊吹山には播隆屋敷と呼ばれる播隆の拠点があった。そこには高所にもかかわらず三間に八間の草庵があったという。当時そこにあった阿弥陀如来の石像（約七五センチ）は、現在、山を下って岐阜県揖斐川町春日川合の笹又（旧春日村笹又）に残されている。

銘に「……文政八年八月　願主播隆上人講中……」とある。『行状記』では「……江州越前美濃尾張の四ヶ国より群る人ぞ市の如く山の如し……」とあり、伊吹山山麓の滋賀県、岐阜県、そして愛知県、福井県からも播隆を慕って人々が集まってきた。

集まった人々に播隆は「……十念に日課に説法に請うがままに師は一枚起請文を説示し玉へば……」と『行状記』にあり、当時広く配布されていたと思われる木版刷りのものが山麓の池田町、大野町の某家に残されている。

それは法然の一枚起請文を播隆が播隆風に加筆改作した「念仏起請文」とも言うべきもので、日付は文政八年一月二十四日、木版刷りなのである程度の枚数が配布されていたものと思われる。

播隆屋敷跡は伊吹山ドライブウェイの一〇・二キロ地点の岐阜県と滋賀県境から林道を歩いて十五分ほど入った杉木立のあるところ、杉の大

目醒の滝の不動尊像（岐阜県関ヶ原町）

木が林立した行者杉とも呼ばれている場所である。

旧春日村の区分で池谷の長尾とも呼ばれ（池谷ヶ峰とも）、杉木立の中に平地があり脇には水溜りのような水場があり、平成二年九月に一心寺の信者さんたちによって「播隆上人修行屋敷跡」という記念碑が建てられた。

目醒の滝

岐阜県関ヶ原町玉の集落から伊吹山へ小一時間ほど登ったところ（地元で沙羅山と呼んでいる中腹）に目醒の滝がある。

播隆は一枚歯の高下駄をはいて岩場をすたすたと登り、冬でも単衣で念仏を唱えて修行したと言われ、子らに虫を殺すな、父母の言うことをよく聞けよと説いたという。

滝は二段になっており脇には祠がある。その中には「……文政九年願主播隆上人講　玉村惣中江祭□　七月……」と台座に刻まれた三十センチほどの青銅製のお不動様が鎮座している。

玉では毎年二月二十六日に不動祭を勤める。雪の多い年は現地で行なわず、里の集落センターで行ない、近年は二十六日に近い日曜日に勤めて餅を配る。

この他に播隆が修行したと伝わる行場に風穴、八つ頭、平等岩などがある。山麓に残る川合区有文書（揖斐川町）、奥田家文書（関ヶ原町）、あるいは生家の中村家文書（富山市）などから、播隆が南宮山奥の院、伊吹山で修行したのは文政六、七、八、九年の頃で、初めて入峰したのがいつであったかは不詳である。文政年間（一八一八～一八三〇）、播隆は伊吹山を拠点に活動していた頃に笠ヶ岳再興、槍ヶ岳開山・開闢を成したのである。

伊吹山周辺の足跡

播隆が開山となっている寺院は岐阜県揖斐川町の一心寺と岐阜市の正道院の二ヶ寺である。そのうち地元で「バンリュウさん」と呼ばれている一心寺の創建は、寺伝では天保元年（一八三〇）となっているが、天保元年は文政十三年十二月十日に改元されて天保となったので、元年といっても二十日間ほどしかなく、実質的には文政十三年が大部分である。天保三年の名が刻まれた当時の瓦が出てきたこともあり、創建を天保初期の頃と考えている。

一心寺は城台山の山頂に方四間の二重屋根の立派な本堂が建てられ、

当初は城台山播隆院阿弥陀堂と称した。その後、二世・隆盤によって阿弥陀堂は阿弥陀寺と改められ、五世・坂口隆説によって明治十二年（一八七九）に浄土宗知恩院の末寺として一心寺と改称した。明治二十四年の濃尾大地震によって堂宇が倒壊、同二十八年に山頂から現在地の中腹に再建された。このように播隆が死去した後も一心寺は念仏道場として栄え、播隆の法灯が継承されている。

一心寺のある揖斐川町内には約二十幅ほどの墨跡が残されており、池田町、大野町、神戸町、垂井町、関ヶ原町など伊吹山麓に播隆の足跡は濃く、多くの人々が播隆に帰依していたことがうかがえる。

滋賀県内で現在のところ播隆の史料が確認されているのは米原市内だけである。米原市内の伊吹山の山麓、大清水の個人宅に播隆名号軸が二幅、春照の個人宅に二幅、志賀谷の個人宅に三幅、伊吹の個人宅に「帰命尽十方無量光如来」の軸が一幅ある。播隆名号碑は志賀谷の志賀神社と個人の墓にそれぞれ一基の計二基ある。

多賀大社との繋がり

伊吹山から南西、直線で二十五キロメートルほど離れた滋賀県多賀町の多賀大社は笠ヶ岳ゆかりの大社である。

文政六年に播隆が書いた『迦多賀嶽再興記』では笠ヶ岳の山名に迦多賀が使われており、本覚寺（岐阜県高山市上宝町）に残る同九年の木札「迦多賀嶽大権現玉居」には多賀大明神を笠ヶ岳に勧請とある。

また、『迦多賀嶽再興記』に「……八朔ノ節ナレバ山開ノ吉祥日ト定メ……」とあり、『信州鎗嶽畧縁起』にも「……八月朔日本尊安置の供養をなさん……」とある。

笠ヶ岳の再興、槍ヶ岳の開闢、その記念となる日をともに八月一日の朔日《ついたち》としているが、多賀大社の月参りは「おついたちまいり」、毎月の朔日である。

多賀大社と播隆をつなぐ直接的な史料は確認されてはいないが、記録に残っていない社僧《※しゃそう》の集団と関わりがあったのではないかと思われる。播隆の師であったといわれている見仏《けんぶつ》、蝎誉《かつよ》の存在にも不詳な点があるが、南宮大社、多賀大社の社僧のような集団、存在の中に播隆を知る手掛りがあるのではないかと思われる。

※社僧　神仏習合の神社で仏事を通じて神に奉仕する僧侶。参詣者の世話やお札を配ったりして直接庶民と接していた。御師、坊人ともいう。

第二章　笠ヶ岳再興

笠ヶ岳と播隆

現存する記録や史料によれば笠ヶ岳は文永年間（一二六四～一二七五）に道泉が開山（初登山）し、元禄年間（一六八八～一七〇四）に円空が再興、その後天明二年（一七八二）六月に南裔、北洲らに続き、古林、嶺州が登り、そして、文政六年（一八二三）八月一日に播隆らがさらに再興した。

播隆の足跡、教えなどを弟子たちが記録した『念仏法語取雑録』の「女人罪歌」（文政四年八月二十一日）、「無常歌」（同五年一月二日）などから、播隆が岩井戸（岐阜県高山市上宝町）の杓子の岩屋に参籠し笠ヶ岳にかかわったのは同四年から七年のことである。

当時のようすを語る貴重な史料として本覚寺文書が残されている。『迦多賀嶽再興勧化帳』『迦多賀嶽再興記』『上　笠ヶ嶽一件　笹嶋村』『大ヶ嶽之記』などである。また、『念仏法語取雑録』には笠ヶ岳再興時に歌で語られた「女人罪歌」「無常歌」がある。（『里の播隆』参照）

御来迎（ブロッケン現象）　涸沢から北穂高の稜線にて

笠ヶ岳再興でもっとも重要なことは、笠ヶ岳再興で播隆が初めて御来《ごら》迎《い》《ごう》（ブロッケン現象）を拝したことである。断言はできないが、伊吹山禅定で播隆が御来迎を拝したとは聞かない。里で説いていた仏を笠ヶ岳で、現実のものとして拝したのである。

播隆と中田又重

笠ヶ岳再興でもう一つ重要なことは、飛州新道を進めていた中田又重との出会いである。両者の直接的な出会いはなかったと思われるが、播隆が又重を知ったのは笠ヶ岳再興の時であったと思われる。

高山市上宝町の「杓子の岩屋」での修行から笠ヶ岳再興を成した播隆は、椿宗に笠ヶ岳登拝を任せて、いったん伊吹山へ帰っていく。槍ヶ岳開山・開闢はその後のことである。

笠ヶ岳再興は伊吹山禅定のそれまでの登拝信仰から、御来迎を拝する登拝信仰へと移行していく播隆の節目となった。

すなわち、杓子の岩屋を「発心の地」、岩井戸から笹島までを「歓喜地」と定め、それより山頂までの九里八丁の登拝道に一里ごとに上中下品、上中下生の九体の阿弥陀仏を安置、笠ヶ岳そのものを「浄刹九品の蓮葉

穂高山荘から笠ヶ岳を見る

台」としたのである。

つまり、笠ヶ岳の山体そのものを、仏をのせる蓮の台座と見なし、その山上に御来迎を拝するとき、笠ヶ岳そのものが仏体となり阿弥陀仏の出現となるのである。この笠ヶ岳での体験が、後年槍ヶ岳開闢へと歩む播隆の登拝信仰の核心となったと思われる。

杓子の岩屋での修行から播隆は、笠ヶ岳再興へと歩む。地元の人たちの協力のもとに登山道を再興し、本覚寺の椿宗の支援のもと登山道に一里塚の石仏を安置する。また、その道中に笠ヶ岳の山頂で御来迎を拝し、後の槍ヶ岳開山・開闢における登拝信仰を確立する。笠ヶ岳再興が槍ヶ岳開山・開闢の動機となり、中田又重を知るきっかけとなる。笠ヶ岳再興後、播隆はすぐ槍ヶ岳へと向かわず、いったん伊吹山に帰っていく。播隆の基盤は伊吹山なのである。

笠ヶ岳再興登山で使われた登山道は、その後次第に廃れ、現在では登る人はいない。

第三章　槍ヶ岳開山・開闢

槍ヶ岳と播隆

笠ヶ岳再興で御来迎を拝した播隆は独自の登拝信仰を確立したが、笠ヶ岳にとどまらず伊吹山にいったん帰っていく。それは岐阜県高山市上宝町には笠ヶ岳再興に協力した本覚寺や椿宗の存在があり、播隆が活躍する余地が少なかったからだと思われる。

また、播隆の中ですでに槍ヶ岳開山・開闢の思いが芽生えていたと思われ、笠ヶ岳再興から三年後の文政九年（一八二六）、播隆は信濃小倉村（長野県安曇野市三郷）の中田又重を訪ねる。信州と飛騨をむすぶ飛州新道開発のことで播隆は又重の存在を知っていたと思われる。

当時、上高地には数多くの杣人、猟師が入り、穂高信仰も盛んであったが、槍ヶ岳は影の薄い山であった。播隆による槍ヶ岳開山後、信濃側では槍ヶ岳念仏講が形成され、御嶽講、白山講のような組織化された動きがある程度あったと思われる。

このような中、播隆は槍ヶ岳で五回の山籠修行をする。登頂してすぐ

大喰岳より槍ヶ岳を見る

に下山する登山ではなく、山頂近くに二、三か月ちかく滞在して念仏修行を行なっている。

それを支えたのが中田又重であった。中田又重は播隆の槍ヶ岳開山・開闢の良き協力者であり、陰の功労者である。

播隆は登山道を整備し、山頂に鉄鎖をかける。里の念仏講の人々を槍ヶ岳へと導き、鉄鎖「善の綱」を伝って山頂に立ち、運が良ければ御来迎を拝し、現実のものとして仏と対面するのである。

信濃側に残されている播隆名号軸の添書に「鎗ヶ嶽念仏講授之」と記されたものがあるが、播隆らが行なった槍ヶ岳登山は今日の近代登山とは異なる、天保の飢饉の最中に行なわれた登拝信仰なのであった。

山の行者・播隆にとって槍ヶ岳に登頂することはそれほどの難行ではなかったと思われる。

槍ヶ岳の山籠修行の拠点となった播隆窟（旧・坊主の岩小屋）の存在も地元の情報として事前に知っていたかもしれないし、山頂の状況も上高地で生活する人たちから聞いていたかもしれない。

ただ厳しいのは宗教上の戒律を守りながら念仏行を実践することである。何日も、限られた食糧や衣服で三千メートル級の山岳で修行するのである。その本物の行者の姿に民衆がついてきたのである。播隆の説得力は行の厳しさにあった。

五回の登山

播隆の槍ヶ岳初登山は文政九年、四十一歳の時で、以後、同十一年、天保四年（一八三三）、同五年、同六年（五十歳）の五回と続いた。

この播隆の槍ヶ岳登山を現代風にいえば、一回目は測量のための登頂、二回目は槍ヶ岳念仏講という登拝信仰確立のための起工式（開山）、三回目は開闢の必要性を確認した登山、四回目は竣工式（開闢）、五回目は参詣者への披露となろう。

中田又重は天保六年に開通した飛州新道のルート争いに敗れて失脚しており、播隆は五回目の槍ヶ岳登山の後、信州の鍋冠山で凍傷となり足の指二本を失っている。

今日、播隆といえば「槍ヶ岳開山の播隆」がキャッチフレーズになっているが、播隆は開山といわず開闢ということばを使っている。初登頂よりも槍ヶ岳を民衆に広く開放することが主目的であった。登山ではなく登拝信仰であった。運が良ければ山頂で仏と対面出来るのである。里の念仏講を山の念仏講に、槍ヶ岳念仏講へと昇華させるのである。

『行状記』には天保の飢饉の記述があるが、槍ヶ岳登山は天保の飢饉の最中でもあった。山頂へ導く人も、導かれて登る人も真剣であった。ひとえに、山頂で仏と対面するためである。

第四章　各地に残る修行場跡

長根山の観音岩（岐阜県各務原市前渡東町二丁目）

前渡東町の丹羽達雄さん（大正五年生れ）のお話によれば、長根山（長平山）の観音岩で播隆が修行したという。

低山の長根山は山頂部が整地されて工場が建ち、一見して高台のようで山の山容とは程遠い姿になっており、山の東を県道江南関線が走っている。

竹薮を数メートル上がった所に岩屋があった。山頂部が削られる前の長根山はその山容が人の顔に似ており、観音岩のある所はちょうど鼻にあたる所で、丹羽さんは長根山の「山の鼻」と言われた。工場が建った現在では山といわれても想像できないほどの変わりようである。ちょうど良いこぢんまりとした広さで、丹羽さんによれば昔は岩壁に墨で文字が書きつけてあったというが、風化のためか残念ながら何も読み取ることができなかった。

観音岩で修行していた行者が播隆であったのか、あるいは他の行者であったのか、伝承以外なにもなく史料の裏付けはない。

地元では昔播隆念仏講（長平観音講）が勤められていた。また、『前渡坪内氏御用部屋記録二』に天保三年（一八三二）の記録として「……播隆上人え長根塚穴之石名号石ニ被遣一件……」とある。丹羽さんによれば観音岩は塚穴とも呼ぶそうである。播隆念仏講で使われていた名号軸の裏書きには天保二年と記されている。

また、地元大伊木の伊藤徳雄さん（明治四十五年生れ）に案内して頂いた芋ヶ瀬池の西、各務原市各務山の前町四丁目の竹林のある小高い丘の斜面にある墓地、その北側にあたる山の麓の湿地、その北西奥の洞に播隆が滞錫していたという。現地には何の跡もなかったが、昭和四年刊行の『播隆上人略歴』の記述と重なる伝承である。

長根山の近く、同市鵜沼の伊木山（一七三メートル）の南側の中腹には播隆の修行場があり播隆上人座像などが安置されている。

関の迫間不動（岐阜県関市迫間）

平成六年に岐阜市の正道院が全焼し播隆の遺品、遺物などが焼失、まだ未見であった六字曼陀羅の名号軸も焼けてしまった。その写真の名号

迫間不動（岐阜県関市）

には添書があり、「……中美濃国迫間邑山不動瀧於右辺岩窟為勤篭時者終夏旬五日夜十念弥陀六字曼陀羅等従夢想拝写之　天保八丁酉歳葉月中旬第五撰取之　播隆拝撰・花押……」と記されていた。

文中の岩窟は現在の関市迫間不動の奥の院の岩窟と思われる。奥の院の岩窟で修行中に曼陀羅を夢想し拝写したのであろう。時に天保八年八月十五日夜とある。

迫間不動は平安時代から続く千年の歴史を秘めた修験の修行場であり、現在も各地の信者さんらが集う霊場である。迫間山、金毘羅山などの山塊の幽谷にある迫間不動には諸神仏、霊神碑などが林立し、線香、ロウソクの煙が絶えない。発行されているパンフレットの由緒書によれば、園城寺開山、天台宗寺門派始祖の智証大師円珍がその始まりだという。

裏付けとなる史料は焼失した名号軸だけではあるが、播隆の天保八年の年譜をうめる貴重な史料である。迫間不動、およびその周辺を歩いてみたが今のところこれ以外の史料を見つけることが出来ない。

杉洞のお不動様（岐阜県七宗町神渕杉洞東ヶ洞）

杉洞の岩窟は円空が籠ったとも言われており、上之保（関市）に抜け

オミハッツァマ・山中の岩屋
（岐阜県八百津町）

る道から山に入った岩屋で地元ではお不動様としてお参りされている。道を尋ねた畑仕事の老人が親切に案内してくれた。八十歳だといわれた老人はすたすたと先にたって登られ案内してくれた。

間口は約二メートル、奥行き約六、七メートル、高さ二、三メートルといった広さ、岸壁をくり抜いて播隆の名号碑がお祀りしてある。お百度参りの小石、数珠などがあり、今でも願をかけてお参りする人があるという。特に眼病によく効くという霊験あらたかなお不動様である。

昔、行者が法螺貝を吹いていたという岩窟は名も知れぬ多くの行者たちが出入りしていたらしい。その老人は円空のことは御存知ではあったが播隆のことは知らなかった。

牧野のオミハッツァマ（岐阜県八百津町上牧野の三鉢ヶ洞）

伊藤悦次さん（明治三十年生れ）から上牧野三鉢ヶ洞のオミハッツァマと地元では呼ばれている播隆が修行したという山中の岩屋を教えていただいた。自分は案内できないので岩屋近くの日置裕治さんを紹介していただいた。播隆は蕎麦粉を食べて修行したという。

日置さんの案内でオミハッツァマを訪ねた。日置家の裏手の山、人が入らないので登りにくい山道であったが、なんとか頂上近くの岩屋にたどり着いた。岩屋には数メートル四方の平地があり、水量はわずかではあったが一条の滝もあった。奥に社があり、脇には「……明治十二年十月　善覚霊神……」と刻まれた四十センチほどの石碑が安置されていた。社の裏に「……駒嶽開山　元明居士　善覚居士……」と記された木札があった。日置さんは播隆のことは何も知らないと言われた。

年に一度ここの祭礼が七月二十四日前後の日曜日に兼行地区の人たちによって行なわれ公民館で会食するという。

片知山の岩屋観音堂（岐阜県美濃市片知の板山神社登り口より）

美濃市片知は円空ゆかりの里であるが、板山神社から片知山へ登る登山口にある藤田武夫さん宅には岩屋に籠って修行していた円空が下りてきて風呂のお礼に置いていったという托鉢椀がある。代々家宝のように伝わってきた托鉢椀はお盆のときに木箱から出されて披露される。

円空のものだと伝わっているが実際は播隆のものだという。なるほど椀には播隆の銘と文政七年（一八二四）八月の年号が記されており、円空と播隆が重なって語られていた。

播隆の托鉢椀（藤田家蔵）

播隆の托鉢椀の高台（藤田家蔵）

播隆は文政六年に笠ヶ岳を再興、同七年八月五日には六十六名という集団で登山をしている。この托鉢椀がなにを意味するのか、片知ではこの椀以外に播隆の話は聞けなかった。

片知山の山頂近くの大きな岩屋に岩屋観音堂があり、円空と同じように播隆もそこで修行したのではないか。地元にそのような播隆の伝承があったわけではないが、そのようなことを想像させる托鉢椀である。

九合洞窟（岐阜県山県市谷合）

九合洞窟は縄文遺跡として知られているが、洞窟内の石仏、洞窟入口正面上部の岸壁に刻まれた名号には誰も注目しなかったようである。岩壁に直接刻まれた名号が播隆のものだと気付いたのは地元の中村文夫さんであった。これを磨崖名号と称したい。

洞窟内には石仏が二体と誰のものだかわからないが名号碑が一基、台座だけのものが一基あった。中村さんが子どものころは洞窟内の中央に鎮座していたというが、現在は左側に寄せられている。洞窟の間口は二十メートルはあろうか、奥行きも二十メートルほど、人がゆうに立って歩ける高さと空間がある。寺院の本堂を思わせる広さである。奥はしだいに低くなり枝分かれしたような広がりである。

石仏は木製の社に安置された聖観音立像（約七十センチ）、弘化四年（一八四七）六月十八日とある。

もう一つの石仏（約百十センチ）は一光三尊形式の善光寺如来と思われるが、その台座正面には「……播隆上人　十方施主　願主隆芝……」と刻まれており、台座右側面に「……天保十四年三月建之……」とあった。

願主の隆芝は播隆に追随していた五人の高弟の一人であり、岐阜市の正道院第三世を勤めた人物である。弘化五年二月二十三日と銘のある名号碑（約百十三センチ）は播隆の書体を思わせる書体で、署名、花押があるのだが人物を特定することが出来ない。

近在の家を数軒訪ねてみたが、播隆の名前を聞くのも初めてという人ばかりであった。

岩井戸の「杓子の岩屋」（岐阜県高山市上宝町岩井戸）

岩井戸の通称・壁岩と呼ばれる大岩壁で、行者が籠もるには格好の数カ所の洞窟がある。文政四年（一八二一）、播隆はこの岩屋を拠点に笠ヶ

護城山（福井県坂井市）

岳再興を成した。円空もここで修行したと推測される。
また、杓子の岩屋は岩井戸の集落から十五分ほどの岩場で杓子のような形をしていることから名付けられたようである。播隆がなぜ杓子の岩屋に来たのか不詳である。

丸岡の護城山（福井県坂井市丸岡町田屋）

天保五年（一八三四）の初冬（十月末）、播隆が四回目の槍ヶ岳登山のあと、何らかの縁故で越前に巡錫、丸岡城下の浄土宗安楽寺に泊り、護城山の中腹で冬安居の念仏修行をしている。生家の中村家文書に「……此山ノ半腹ニ錫ヲトドメ…冬安居念仏三昧ノ勤行勇敢ニ座スレハ……」とある。

現在、低山の護城山の登り口には八幡神社と金刀比羅神社の鳥居がある。山頂に社があったが、中腹には石仏が並ぶが岩屋は見当たらなかった。また安楽寺に播隆の史料は残っていない。なぜ、播隆が越前に来たのかは不詳である。

槍ヶ岳の播隆窟（長野県松本市）

標高二七〇〇メートルほどにあり、見上げると槍ヶ岳山頂部が眼前に迫る。巨岩が屋根となっている岩屋で、播隆、中田又重らも事前に地元の者からこの岩屋の情報を得ていたと思われる。播隆は、ここに長期滞在している。

なお、播隆は槍ヶ岳の信濃側、玄向寺（松本市大村）にある「女鳥羽の滝」で修行したという伝承がある。

第五章　播隆の修行の実態

修行の実態

浄土律の僧は左前に着て、妻帯をせず。蕎麦粉を水でねって食べ、冬でも一枚の単衣と鼠色の納衣を着ているだけで、一本歯の高下駄をはいて歩き、山に登るときも一本歯の高下駄であったという伝承がある。

播隆がどのような修行を行なっていたのか、史料や文献をふまえて実態を探ってみる。

「睡眠を恐れて百目蝋を頭頂に点燃玉ひ…一千日の別時念仏を行すべし…」（『行状記』）とか、「声高らかと西面端座合掌礼して念仏の声と諸共に睡眠が如くに逝遷し玉ひけり」（『行状記』）、また「常坐不臥にて、昼夜ただ称名の外他事なし。他に出るには木履をはき、山に登るにも木履を著く。」（※『葎《むぐら》の滴《しずく》、諸家雑談』）というように念仏中心の修行であった。また、「冬日殊に雪さへ膝を没むる寒中に近隣七ヶ村の墓地葬所を巡廻て亡霊追善頓証菩提と壱個所毎に線香壱柱宛の間は念仏唱へてぞ七巡墓り」というような巡錫も行なっている。

※『葎の滴、諸家雑談』　天保十五年から明治六年までの三十年間にわたって書かれた細野要斎の記録にある。播隆の弟子という山口茂一郎からの聞き書き。

食事

五穀を断ち、一日一食、草の芽木の実を食し、蕎麦粉を水に融いて食する程度だという。

「草芽木実を食事として」(『行状記』)、「未明に蕎麦粉を練り、わかめの塩を以て食す。一度に四合余を喫す。これにて終日食せず。…上人は蕎麦の外に或は柿栗の類、果物を喫す。これも未明の食時のみに食す。」(『葎の滴、諸家雑談』)という極めて質素な食事で、それも朝一回のみで時間は「毎朝朝六ツ半時」(『務台家文書』)あるいは「四ツ半時」(『同』)だった。

接待されたおりでも、「大応寺に於いては日夜の優待神の如くに山海の珍味佳肴を前に寒列て饗応けれども師は平素の通り蕎麦粉の外一切味い玉わで」(『行状記』)、というように饗宴で豪華な食事を提供されても、蕎麦粉のみだったのである。

衣類

「木綿地の単衣一枚と鼠色の袈裟と衣を着用」(『行状記』)とか、「上人、寒中といえども単衣一領」（『葎の滴、諸家雑談』）というように年中、一枚の着物で通しており、それも「破れたる袈裟衣」（『行状記』）というありさまであった。

史料編

行状記（正道院蔵）

古文書にみる、播隆の修行

『行状記』（明治二十六年八月）（※カッコ内の数字は丁数）

・口称三昧一心不乱（二）
・草芽木実を食事として…千日の間別時念仏ただ一三昧（二）
・一夏九旬の暑中三月を一心専念阿弥陀名号と口称三昧（三）
・師は漸く蕎麦粉を水に浸して口を糊し玉へり（六）
・四十八夜の別時念仏…昼夜莫廃の不臥木食て身命不惜の行を為し玉へり（十）
・一七日の間別時念仏（十三）
・昼は歩み夜は念仏樹下岩上に結跏趺座して暁をまつのみ…四十八日口称三昧の別時を勤修し玉へり（十五）
・三日三夜又は一七日亦或時は二夜三日と岩窟に参籠て（十七）
・人目を秘し一七日無言の別時を修せし…一夏九十日を期して奥の院に参籠玉へり木食一飯木綿地の単衣一枚と鼠色の袈裟と衣を着用し玉ひて昼夜眠らず炊事食だちにて睡眠を恐れて百目蝋を頭頂に点燃玉ひ…一千

日の別時念仏を行すべし…岩窟に参籠りて千日の間是も木食一飯不臥単衣一向専称の別時（十九）
・三七日の別時（二十一）
・冬日殊に雪さへ膝を没むる寒中に近隣七ヶ村の墓地葬所を巡廻て亡霊追善頓証菩提と壱個所毎に線香壱柱宛の間は念仏唱へてぞ七巡墓り（二十八）
・破れたる袈裟衣と単衣一枚着用にて鎗が嶽修行中の侭なる装服に蕎製鞋履ち玉ひて…大応寺に於いては日夜の優待神の如くに山海の珍味佳肴を前に寒列て饗応けれども師は平素の通り蕎麦粉の外一切味ひ玉はで昼夜眠らず頭顱に百目の蝋燭を点火て高声念仏に三昧なりき（三十八）
・精進五十日の別時行を修し弥陀の相好を感見し玉ひて和上行を終了給へり（四十五）
・末期の十念最と声高らかと西面端座合掌礼して念仏の声と諸共に睡眠が如くに逝遷し玉ひけり（四十七）

『横山家文書』（岐阜県高山市丹生川町）
・是より美濃へ参り、夫より何国へ可参候哉、定めなしと御噺被成候

（文政十一年）

『務台家文書』（長野県安曇野市三郷）

・此上人様は、西山鎗ヶ岳に而、当夏五十余日行を被成（天保五年）

・誠ニ行ハ厳敷事、一生涯木食ニ而、塩気ヲ断、毎朝朝六ツ半時一食ニ而、夫ヨリ後は終日一切食事不被成候、昨年律宗ニ御成被成候ヨリ已来、朝ハ粟粥、四ツ半時ニ食事被成候、去レ共木食ニ而、五穀ヲ断、塩気ハ不被上候、古今稀成大行也（天保十一年）

『迦多賀嶽再興記』（文政六年八月二十日）

・人倫応対ノ言語ヲ止メ、年ニ非ズンバ唇舌ヲ不動ト誓イ、塩穀ヲ断テ、無言ノ別行相違ナク相勤意ヌ…一ノ肩八分目ニ岩窟在リ、拙老ハ此窟ニテ精進別行シテ、三日ノ間山頂エ上リ勤行シ、一日一夜ハ立禅定致シ

『大ヶ嶽之記』（文政八年五月）

木食無言ノ別行

『律の滴、諸家雑談』（文久年間）（※内容に誤記あり）

・上人常に所謂木食也。未明に蕎麦粉を練り、わかめの塩を以て食す。一度に四合余を喫す。これにて終日食せず。…上人は蕎麦の外に或は柿栗の類、果物を喫す。これも未明の食時のみに食す。他時に食する事なし、常坐不臥にて夜中坐睡するのみ。…上人、寒中といえども単衣一領、払暁一食、常坐不臥にて、昼夜ただ称名の外他事なし。他に出るには木履をはき、山に登るにも木履を著く。

播隆の修行に関する古文書と解説

此頃当山奥の院高山篭給ひ候に付書状

（異筆）

「美濃国一宮南宮山神武天王勅願所坊所二老僧也」

念仏行者播隆上人、此頃当山奥の院高山篭給ひて、日夜不怠の精進心を励し、念仏三昧を勤行給ふ事、難有覚へ待りて、其徳業をしたひ、遠近の男女日々群衆して、化益を受む事を仰きぬ。恭も真如実相の妙体、有情非情悉有仏性と承れい、山上山下の有情非情の属からまでも、自然と因縁を蒙むる事、是師か自行化他のいさおしにして、其功力広大なる事、誠に救世の大導師といわん。実や我宗の先達も、一声阿弥陀仏、是本師釈迦五濁悪世、阿耨多羅三藐三菩提之法となり、と仰置れて候き。我等愚昧の身たにも、此度聊因縁して律師の引導を受て、当来は極楽国に往生せ事を願ひ奉りぬ。

文政八酉正月四日

象背山下

奉呈

貫忠敬白

念仏行者播隆獅子座下

【解説】

文政八年正月四日「此頃当山奥の院高山篭給ひ候に付書状」

・象背山下貴忠から念仏行者播隆宛（四一×三〇センチ）

穂苅本の紹介では冒頭の端書が一行抜けている。南宮山奥の院に籠って修行する播隆を称賛する貴忠（南宮山の麓にある真禅院の過去帳によれば常林坊十世。象背山は真禅院の創建時の山号）。

南宮山奥にある南宮大社と真禅院、その奥の院で修行する播隆の世評はすでに高い。その後、播隆は『行状記』の記述にしたがえば伊吹山禅定へと向かう。

美濃の御山に念仏行者参篭に付和歌懐紙

名にしおふ美濃の御山の大悲閣に、去年の初冬より念仏行者参籠して、寒苦もいとわす、昼夜おこたらす修行し給ふ。其徳業孤ならすして、遠近の里人間つたへ、老若男女幼童迄も、袖をつらね、登山し、十念或ハ法話を希ふ。勧善懲悪の教化信する輩ハ、尊く感し待るを聞て、狂歌を呈し奉る。

深山からかかやく法の道しるへ
はるけき国も近くなるらん

(文政八年)
酉正月六日
右　秀如拝

呈　播隆律師

参詣の人々、山路の苦しさに
弥陀の御名を唱を聞て、
行かへり御名を唱る人々は
後の世ゆかしこゆる山坂

（異筆）
「美濃国一宮南宮山神武天皇御勅願所
坊所一老僧也」

【解説】
文政八年正月六日「美濃の御山に念仏行者参篭に付和歌懐紙」
・秀如から播隆律師宛（四八×二五センチ）
秀如（宝珠院二十二世）が播隆を称えた歌。文政七年初冬から八年にかけて播隆は南宮山で修行。文政四・五・六・七年にかけて播隆は飛騨の杓子の岩屋、笠ヶ岳再興を行なっている。
現在、史料の上で不明なのが、いつごろから播隆が伊吹山に入峰したのかがわからない。南宮山や伊吹山の修行時代に飛騨へ出向いたのか、あるいは杓子の岩屋、笠ヶ岳再興の後に南宮山、伊吹山の修行に入ったのか。今のところはっきりとしたことがわからない。

濃州一宮南宮奥院山篭記

○この文書冊子本体裁なるも、表紙を欠く。

抑　文政七歳ノ秋ノ初ニ、城州ヨリ飛弾国エ中山道下向リ時江州伊吹山ノ南ミ辺路、摺針峠・番場宿ノ間ヒニテ、一人ノ旅人路ノ傍ニ休息シ、昼食セラル

ルヲ見テ、我行ク先ノ道路ヲ尋問ニ其筋不案内ナリト申シテ、我ハ、濃州不破郡宮代邑ノ農夫某ナリト申サレ候聞テ、我不思議ノ思へニ、拙老モ、去年其辺巡在ノ時、初縁ノ人ニ誘引

セラレテ、其地一宮南宮ノ社并奥院山上迄参詣シ、扨テ名山其霊場ノ景色夕々シキ名山ト拝見シタル由ヲ物語リシ畢テ、別レニ臨テ、後会モ計カタク思ケレハ甚ダ床ケ敷申居ラレ、我モ、飛州ノ方ヘイソギ

ケレバ其場ヲ別レヌルモ、又同年ノ秋末ニイタリテ、城州ヘ帰リニ垂井宿ノ元泊シ宿ヘ立ヨレバ、宮代ノ人両三度モ御帰リノホトヲ待チ居ラレ候ト、咄シノ中ヘ如何ナル因縁モ有リケルニ、又来テ、御帰モアレカシト待居タル故、当山防所ヘエモ咄ヲキタリト厚志ニ申セシ故、我モ其御山ヘ勤篭ノ志願ヲ頼ミ、許容ノ事速ニ相済ミ、山上ノ別当所ノ坊舎ニ錫ヲ挂テ、其麓ナル御本社山上、高山大権現

ノ御本地仏ヲ尋タテマツルニ、弥陀観音ノ化現トコソ、アラ有リガダキ、我カ平生念スル所ノ行業ノ怠リナカラン事ヲ祈リタテマツラント、昼夜念仏三昧ニ入或ハ、信心アル人々へ念仏法門ヲ教化シ、又、

其余暇ニハ、空晴シヅカナル時ハ、絶頂へ登リ、念誦シ、四方ヲ見渡セバ、当国ハ大国・廿一郡、山河多シトイヘトモ一望ニ目ノ及バンハナシ。所々高山雲中ニソビエ、渓間ノ万川ハ、桑名ノ滄海ニ朝スルガゴトク遠近

城郭天守ハ、五ヶ所ニカ、ヤキ大垣ハ、山林ノ下高光タリ。加納・犬山見渡シ、名古屋・桑名ハ、遥麓雲間ニカカヤキ、麓ナル宮居ノ宝殿ハ、甍ヲナラベ、峰ノ

松風ハ、称名ノ声ヲ調ヘ、谷ノ鴬ハ、妙法ヲ囀リ、四時ノ景色自然ナル事カギリナシ。実ニ仏天・神仙モ降臨シ玉フ。此御山ノ太神ハ、神武天皇ノ御時ヨリ鎮リ座テ、上ハ朝廷ヨリ下モ万民ニ至ルマテ、安穏快楽ノ擁護シ玉フ至ニカヤ

今度当山ノ法師方次ハ、有信ノ道俗衆懇志ノ執持下サル、ニヨリ化縁ハビコリ、近郷近国ノ山ノ奥迄モ聞伝ヘ、風雨雪霜ヲ厭ス、老若男女山上ヘ群サンセラレ、近在自他ノ僧タチモ随喜ノ沙汰ニシテ、愚礙無礙ノ輩モ、イサマシク信心イタシ候ヘハ、仏法繁栄ノ本意ナランヤト、忝クモ本地垂跡ノ御利益ウス

カラズシテ、大ニ祝ハシクコト、誰一人モ心置ナク、惣方一味ニサミ進マレシハ、猶モ諸人

ノ信心ヒトシク相成シハ、宿善ノ時イタリタルコト□思ヘハ、悦ヒカギリナク、今ヨリ以後ニヲイテモ怠リナキハ、末代ニ其利益衰ルニハアラジ。故ニ、下根最劣ノ時節ニ至リテモ、其利益広大ナリ。其時ノ気

根ニ順ジテ念スレハ、安楽上果ノ浄刹ニ往生シテ、永ク不退ノ身トナリナバ、是ニ過タル悦ビハナシ。サレバ、誰人々モ願フベキハ、安養ノ浄土、慎ムヘキハ、邪見、我慢ト疑ヒト放埓無慚愧ノ心離レバ、今度ノ

報土ノ往生ハ叶ベカラズ。此心ヲ能々存シタル上ニハ、弥陀ノ本願ニハ、十悪五逆ノ

者モ一念懺悔スレハタスケ玉フゾ。謗法闡提ノ輩トテモ、恐ルベキ罪ニ畏ヲナシテ念スレバ、業障消滅シテ、参ルハ弥陀の浄土ナリ。然レハ、慈悲善根、智者上人、持戒清浄ノ身ハ申スニ及バス。然リトヘモ、弥陀ノ誓ハ、下根最劣ノ者ト悪人凡夫ノタメニ発シ玉ヘル本願ナレハ、上根智恵、高貴学問ノ功力ニテタスカルベキニハアラズ。只我カ身ハ悪キ従者ト思ヒ取テ、一心ニ弥陀如来タスケ玉ヘト頼ム心ニ疑ナク南無阿弥陀仏と申セハ、仏智不思議ノ願力ニタスケラレテ、極楽ニ往生スベシ。サレハ、我等ガ往生ハ、弥陀如来ノ御ハカラヘナリト存ゼハ、衆生ノ分別ノ沙汰ヲナスヘキニハアラズ。只本願ノトウトサニ打任テ往生スベキ身ナリト存シテ、懈怠ナク念仏申スベシ。其上ニハ、世間ノ仁義ヲモツテ、本トスベシ。御公儀様ノ御法度ヲ相守リ、近所隣ノ人ニハ疎略ヲナスベカラズ。父母兄弟眷属ノ中ヲバタガハズ、先祖諸霊追善懈怠ナク営ミ、師匠手次ヲハ疎略ニスヘカラス。一切ノ諸仏菩薩神明ヲカロシムベカラス。諸神諸菩薩ハ、一躰分身ノ弥陀ノ御使ナリト存ジテ、尊ク敬ヒタテマツリ、別シテハ、未来永劫ヲタスケ玉フ如来ノ大悲ノ御恩ヲアツク仰タテマツルモノ也。尊々

干時

文政八乙酉歳三月二日

沙弥

播隆誌之

（裏表紙）（異筆）

天保四年

未五月

川内村

右ゑ門

【解説】

文政八年三月二日「濃州一宮南宮奥院山篭記」

（十七×二四センチ・冊子）

表紙が欠けている。この山篭記の末尾に沙弥播隆誌之（隆の字が播隆が使っていたものと違う）とあるが、はたして筆が播隆自身によるものか筆者には疑問である。山篭記を播隆作とすることに異論はないが、播隆の筆によるものかは疑問である。

同じような例として『迦多賀嶽再興記』があるが、再興記を播隆作とすることに異論はないが、これも播隆自筆なのかは疑問である。ともに内容についてはそのまま採用してもよいと考えている。文中、飛騨の騨の字が弾になっている（穂苅本では騨の字に直してある）。

播隆と南宮山のかかわりは何年からなのか、山篭記によれば文政六年に一度参詣し、同七年秋末から八年にかけて山籠修行していることになる。また、『行状記』を子細に読むと同三年など三回、ないし四回ということになる。これ以上の史料がないので、慎重に判断する必要がある。

播隆が飛騨、南宮山にかかわっていた頃、播隆は山城国の念仏行者であった。播隆の伊吹山山籠修行の記録は旧春日村の川合区文書（文政八年六月）、関ヶ原町の奥田家文書（同九年三月）などがある。

山篭記によれば、「……昼夜念仏三昧ニ入或ハ信心アル人々ヘ念仏法問ヲ教化シ…（中略）…雨雪霜ヲ厭ス老若男女山上ヘ群サンセラレ近在自他ノ僧タチモ随喜ノ沙汰ニシテ……」と、播隆を慕う人々が多いことがわかる。裏表紙に後年の加筆がある。

播隆作「念仏起請文」

夫末代の衆生在家無智の男女たらん輩ハ、只一心に阿弥陀仏の本願を信じ、阿弥陀如来たすけたまへとおもふ心にうたがいなく南無阿弥陀仏と申せは、かならず極楽に往生すべし、されは弥陀超世の本願にハ、智者上人のふるまいもいらず、学問分別の沙汰もいらず、又観念工夫の法聞にもあらず、高貴物知りの念仏にもあらず、只南無阿弥陀仏と申せハ、仏智不思議の願力にて、御たすけ有つる事と存じて、念仏申外にハ何の子細も候ハず、弥陀名号の六字の内にハ、たのむ心も、しんずる念も、一切の念慮は皆ことごとく願行相続の名躰に籠らせ玉へハ、如来の功徳ハ諸善万行を備へ、円満徳号の専称を現ハし、万方諸法の本源に至り玉へハ、一切衆生の利益ハきまわりなきものなり、故に分別なき三ツ子とてもうたがうべからず、一生造悪な者も一念懺悔すれハ、業障消滅して、如来の御来迎にあづかるが故に、善人も悪人もいとわず上根も下根もいわず、只我身ハわるきいたづら者と思い

つめて、一心に弥陀の名号を唱ふれハ、不捨の誓益にたすけられて
往生すべし、されハたのむへきは弥陀如来、まいるべきは
本願の力、念仏申べきハ衆生の所作なり、たすけ玉ふハ如来の
御仕業なりと存じて、懈怠なく念仏申べき者なり、尊々
文政八乙酉年正月廿四日書之　　　　播隆　花押

【解説】

現在確認されている念仏起請文は、伊吹山山麓にある岐阜県池田町と大野町の個人所蔵の二点で、池田町のものは軸装されており、大野町のものは原本そのままの状態であった。実測していないので正確ではないが、およそ二十八センチ×三十九センチほどの和紙に刷られている。

『行状記』に「……一向専称の別時行中、江州、越前、美濃、尾張の四ヶ国より群がる人ぞ市の如し、山の如し、十念に日課に説法に請がまま師は一枚起請文を説示し玉えば……」、あるいは「……大師の一枚起請文を三度拝誦して余は念仏の外口を開き玉わざりしが……」とあり、播隆は伊吹山で修行中に寄りくる人々に念仏起請文を配付していたという。念仏起請文は木版刷りなので、当時多数配付されていたものと思われる。

播隆の念仏起請文は、当初、播隆の一枚起請文という呼称であったが、法然（円光大師）の一枚起請文と混同されるので、「一枚」を「念仏」に変えて播隆作「念仏起請文」と勝村公氏（「ネットワーク播隆」運営委員）が命名した。

『行状記』に出てくる一枚起請文は、法然の一枚起請文ではなく、播隆の念仏起請文だったと思われる。信州松本には、伊吹山禅定の後に成した槍ヶ岳開闢後の天保七年に播隆が書いた、「円光大師一枚起請文」の墨跡が残されている。

法然の一枚起請文は浄土宗における重要な文書であるが、その要諦は「ただ一向に念仏すべし」で、法然没後は、邪義なきようとの遺言である。

播隆の念仏起請文は法然の心を受け継いだ、播隆による信仰信念の決意表明で、それは「……一心に弥陀の名号を唱ふれハ、不捨の誓益にたすけられて往生すべし、されハたのむべきは弥陀如来、まいるべきは本願の力、念仏申すべきハ衆生の所作なり、たすけ玉ふハ如来の御仕事なりと存じて、懈怠なく念仏申べき者なり……」と。笠ヶ岳再興を成し、伊吹山禅定の文政八年一月二十四日の筆である。

「願い上げ奉り候う口上の覚え」　奥田家文書

一、城州紀伊郡下鳥羽村法伝寺末一念寺弟子播隆ト申僧当時摂津国歌舞山見仏上人之弟子ニ御座候所、諸国為修行被罷越昨年宮代村於高山暫逗留被致其後粕川山ニ被相籠其砌当村ゟも多分参詣仕候而法話聴聞仕候所、何宗門ニ不依名々之宗法大切ニ心掛、御公儀様之御定法、御領主様之御掟ニ相背不申、家内睦相暮候事肝要ニ候趣、毎座ニ被相談至而心切之勧方ニ御座候故村方之者共挙而信仰仕候而此上当村ニも暫逗留被致候ハバ家業之余力有之候節は教化ニも預リ度段村方一同願望御座候故任御意候ハバ日来邪念之者御座候共自然ト相化都而人気も宜相成可申哉ニ奉存之

談義等有之節ハ他村ゟも参詣之人数も御座
候得共、御許容被成下候ハバ当暮迄相頼当所
松梅院ニ差置申度奉存候、尤右一念寺ゟ
旅中之送状も所持被致候故、別紙ニ写シ候而
奉入御覧候、何卒御聞済被成下候ハバ難有
仕合奉存候此段偏ニ奉願上候　以上

文政九年戌三月二日　　庄屋

玉村

市郎・印

横目

己之蔵・印

【解説】

玉村（岐阜県関ヶ原町）で庄屋をつとめていた奥田家文書である。文政九年三月二日付けの文書は「願い上げ奉り候う口上の覚え」というもので、まず「城州（京都）下鳥羽村の一念寺の弟子播隆は、当時見仏上人の弟子として諸国修行のため宮代村の高山にしばらく逗留、その

後、粕川山に籠もり当村から多くの者が参詣した」とある。

見仏の弟子の播隆が、修行のため諸国を巡錫、垂井町の南宮大社奥の院に逗留後、粕川山（揖斐川町春日あたりの粕川流域の山々か）に籠もったということである。

続いて「播隆は何宗といはず自分の宗門を大切にし、お上の定め、領主・竹中様の言うことに背かず、家内睦まじく暮らすようにと諭され、村方の者たちはこれをよく信仰し、このうえは玉村にも逗留して欲しいと村方一同お願いする次第である。日頃、邪念の者も自然と良きように感化されるだろう。また、他村からの参詣人があるときはお許し願いたい。本年暮れまでに松梅院（明治初期廃寺。現・関ヶ原町北部集落センター）に滞在させてもらいたい。なお、播隆上人は一念寺発行の旅中の送状を所持している。どうぞ宜しくお願いします」とあり、末日に玉村の庄屋と横目（目付役）の署名と印がある。

文政九年に播隆は、第一回目の槍ヶ岳登山を行なっている。

「恐れながら口書をもって願い上げ奉り候」 川合区有文書

乍恐以口書奉願上候

伊吹山字みたらしと申所ニ被籠候行僧播隆儀、先達て委細聞紀ニ私共両人罷越候処、行僧無言之行中故相対相成不申候ニ付、行僧之取持致候江州坂田郡志賀谷村正覚寺え相対仕候処、行僧ハ近日之内上野村分へ引越可申之旨被申聞候ニ付、其段先達て奉申上候、然ル処上野村人共不取斗之事共有之候様子ニて、坂田郡大原之庄村々之者共憤り候故、行者上野村分へ引越之儀相止メ、五月廿七日御領分山之裏手江州坂田郡大原之庄之山え引越被申候処、右山ハ険山難所ニ御座候故参詣之諸人難儀迷惑致し候ニ付、右大原山之嶺少し西寄之所ニ御領分山字池ヶ平と申所ニて行僧暫修行之程御願申上呉候様、大原庄村々より書状並一礼を以達て相頼申候、勿論右山之儀は御小物成山ニて、往古より大原庄村えおろし山ニて御座候故、年々御年貢米御上納仕候由緒ヲ以相頼申候儀ニ御座候、且又去年以来行僧之取持致し居候とて不破郡宮代村よりも行僧之儀ニ付、如何様之儀有之候共山元え難渋相懸ヶ不申旨一礼を以相来候ニ付、右双方より達て相頼申候儀も顕頭御小物成山之由緒御座候得は、乍恐難黙止奉存候間、何卒御慈悲之御勘考を以、行僧池ヶ平ニて来ル七月中為籠置候様被成下置度此段奉願上候、乍恐右奉願上候通被為仰付被下置候ハヽ、難有仕合奉存候、以上

文政八乙酉年六月日

川合村名主　十郎兵衛

西山名主惣代　傳　六

御代官　御役所

【解説】

文政八年六月、川合村（岐阜県揖斐川町春日川合）の者たちが役所（大垣藩）に提出した文書である。

当時、播隆は伊吹山の「みたらし」という所で無言の行中であった。「播隆の取持ちをしている江州坂田郡志賀谷村（滋賀県米原市）の正覚寺の話によれば、播隆は近日中に上野村へ移ろうと考えていたが、上野村がその取り計らいをしなかったために坂田郡大原荘の村々の者たち

が憤り、上野村をあきらめて五月二十七日に大垣藩領の山の裏手にあたる大原荘の山に移った。しかし、その山は険山難所のために参詣人が難儀するため、西寄りの大垣藩領の池ヶ平でしばらく修行させてもらいたいと大原荘の村々から書状ならびに一礼をもって頼みにきた。大原荘の人々は昨年から播隆の取持ちをしており、山は昔から大原荘の村々が入山料を納めて入山している由緒ある山でもある。また、不破郡宮代村からも、どのようなことがあっても山元には難渋をかけないと一札をもって頼みにきた。先に述べたように由緒ある山の関係もあり、当方としても黙って見すごすこともできず、なにとぞ御慈悲の御勘考をもって、さる七月中に播隆が池ヶ平で修行できますようにお願い申し上げます。」(『春日村史上巻』)などとある。

「みたらし」「池ヶ平」がどこを指すか分からないが、当時の状況が具体的にうかがえて面白い。

もう一点、川合区が所蔵している文書がある。それは近江側の講中から川合村へあてた文政九年四月付け「一札の事」という文書である。

「また今年も池ヶ平で播隆が夏中修行したいので役所(大垣藩)にお願いしてもらいたい。修行中は我々が世話取りし、決して迷惑をかけません。今後もこの一札を持ってお許し願いたい。池ヶ平への出入り、あるいは場所替えのおりには必ずお知らせします」（『春日村史上巻』）と江州側から川合村に願い出ている。

当時、播隆の世話をしていたのは、現在の滋賀県側の米原市や長浜市の伊吹山山麓の人々で、岐阜県側の人々だけではなかったのである。

（※初出「播隆研究」十二号・十四号）

迦多賀嶽再興勧化帳（本覚寺文書）

〈迦多賀嶽大権現勧請施主名簿〉

高山地役人

阿弥陀仏　木仏故今ハナシ　橋爪源八行当

薬師如来　銅仏故今在リ　山内与五郎勝正

同町方

本地五尊大日如来　木仏故今ハナシ　野川庄八郎長賢

不動明王　泥仏故今ハナシ　永井　宗元

十一面大士　銅仏故今在リ　都竹久四郎

勧請導師宗猷南裔北州謹拝誌　都竹忠九郎

同　小三郎

川合半重郎

高原

天明二寅治天六月吉祥日　本願主　今見右エ門公明

〈再興勧請施主名簿〉

大権現神鏡　一面　御郡代

五尊之宝印　一面　芝原正盛

大日如来　小銅像　現宗猷

春堂和尚

不動明王　小銅像　現本覚

椿宗拝納

山城州伏見下油カケ町

峯禅定安置　　　　　　　　　　吹田屋　弥三郎
上品上阿弥陀仏銅像天頂九里八丁　同　母　つる女
　銅之厨子入惣壱尺五寸余　　　　同　妻　てる女
　　右勧進者再興大願主播隆上人
　　　　　　　　　　　　　　高山一之町
上品中阿弥陀仏石像八里メ　　　吉野屋清三郎
　　　　　　　　　　　　　　　　　　　内志
同　下阿弥陀仏石像七里メ　　　同　二之町
　　　　　　　　　　　　　　　　加賀屋清五郎
　　　　　　　　　　　　　　　　　　　　母志
　　　　　　　　　　　　　　　同　一之町
中品上阿弥陀仏石像　六里メ　　紬江屋権次志
中品中阿弥陀仏石像　五里メ　　同　一之町　表具屋喜兵衛志
中品下阿弥陀仏石像　四里メ　　同　一之町　高原屋喜兵衛　母志
下品上阿弥陀仏石像　三里メ　　同　大新町　福田屋吉蔵　内志

下品中阿弥陀仏石像　二里メ　　同所　吉野屋嘉助　内志
下品下阿弥陀仏石像　一里メ　　向町　大工弥兵衛
垢離場地蔵尊石像　　　　　　　一之町　吉野屋清三郎志
大日
不動銅之厨子寄進　　　　　　　表具師　藤井嘉重郎
十一面
華表
石燈篭
石燈篭

〈登山路碑〉

迦多賀嶽初地岩宿村山内釈氏窟御安置
　　　　　　高山二之町加賀屋
大勢至菩薩
　　　　　　　　上野清五郎
三尊阿弥陀如来　当寺檀中念仏講中

観世音菩薩　　　　上野清五郎

飛騨国吉城郡高原郷内迦多賀嶽と申ハ、往昔し
文永年中に、同郷本覚寺中興道泉大和尚
登山在り。其後元禄年間美濃国弥勒寺大行者
円空上人登山、大日如来を勧請し、阿観百日蜜行
満願之霊跡也。次而天明中、高山宗猷南裔禅師、

北州禅師、本覚先住追々登山、五仏を勧請し雖再興も
有之、登山之路なきゆへに、かかる霊嶽なれ共、打絶て
参詣之輩なし。悲むへし、堂宇廃壊して漸々と
金仏二尊残り玉ふ也。施主之名前・銅札の銘今に存在せり。依之
今般再興之志願発起仕り、上品之阿弥陀仏峯禅定
奉安置意ヌ。尚又永久為相続再営講取繕、其
助成以参詣路怠転無之様支度存候間、各方
御加入被下、大願成就可仕様幾重も奉希候。尤も此帳記ハ
本覚禅寺え納置、各々方現世安穏・後世浄土と

両益之回向永久可勤行仕候。以上

山城国念仏行者

文政七甲申年七月吉祥日　播隆敬白

濃州厚見郡岐阜竹屋町堀外之住

一銀壱匁　米屋　孫蔵

一同　同所　大工豊吉

一同　同七軒町　莨屋喜与蔵　母

一同　同堀外　左官元次郎

一同　同矢嶋町　中川少将内　嘉右衛門

一同壱匁　同所竹屋町堀外　かさや治郎蔵

一同　同町　かさや惣右衛門

一同　同町　大工久兵衛

尾州丹波郡犬山丸山新田

一銀壱匁　念仏講中

一同　同所　念仏講中
一同　同村　政七
一同　同村　長右衛門
一同　同村　三右衛門
一同　同村　伊助

一銀壱匁　濃州加茂郡川浦村之住　定右衛門
一同　同村　和吉
一同　同国武儀郡神淵村之住　市郎兵衛
一同　同村　徳右衛門
一同　同村　重右衛門
一同　同村　和兵衛　市郎右衛門
一同　同村　玄良
一同　同村　喜三郎　茂助
一同　同郡笹洞村　伊右衛門
一同　同　金山宿　中兵衛内　その

一銀壱匁　　金山宿　又次郎
一同　　　　　同人女房
　　　　　飛驒国益田郡下原町村　念仏講中
一同弐拾疋　　同所　矢嶋定助
一同　　　　　同村　矢嶋武兵衛
一同　　　　　同町　次右衛門内　しも
一同　　　　　同町　庄三郎
一同　　　　　同町　定七内　つる
一同　　　　　同町　権三郎
一青銅弐百弐拾六文　下原上町　念仏講中志
　　　　　　　　　　同町　柳蔵
一同　　　　　同町　市助　母
一同　　　　　同町　弥兵衛
一同　　　　　同町　藤蔵
一青銅拾疋　　下原中切村　六右衛門
一同　　　　　保井戸村　長助

一同　同所　小右衛門

一同　同所　長次郎

一同　門原村　清左衛門

一青銅拾疋　濃州武儀郡神淵村住人　林清助

一同　当国久々野宿　長吉

一金百疋　高山弐之町　加賀屋清五郎

一銀壱匁　同所　飯島や乙重郎

一同壱匁　同所壱之町　大谷屋源蔵

一同　同所　表具師喜兵衛

一青銅拾疋　同所弐之町　上田東園

一同　同所　浅野玄泰

一銀壱匁　同所　加賀屋清五郎　母

一同壱匁　同　加賀屋清五郎内

一同　同　家内市兵衛

一同　同三之町　広瀬屋六蔵内　こと

一同　同家　せい

一同　同壱之町　野村屋文吉　内
一同　同海老坂　平瀬屋市兵衛　内
一同　同　角屋惣次
一同　同　千虎屋弥右衛門　母
一同　同　弥右衛門
一同　同家内　いゑ　きぬ
一青銅拾疋　同家内　清右衛門
一同　同所　黒木可慶
一同　同所　大工藤吉
一同　為釈恵明尼妙喜菩提　同所　京屋惣次郎
一同　同人志
一同拾疋　当国大八賀郡松之木村　都竹市右衛門
一同百九文　小八賀郡坊方村　平田権三郎
一同　小木曽村　足立助左衛門
一同拾疋　同村　辻五郎左衛門
一同壱匁　大萱村　彦作

一銀壱匁　　大萱村　横山六兵衛
一同　　同村　六右衛門
一同　　同村　弥兵衛
一同　　同村　六右衛門　内
　　清蔵
一同　　同村　久右衛門
一銀壱匁　　折木地村　孫右衛門
一同　　折木地呂瀬村　長兵衛
一同　　同所　市三郎
一同　　同人女房
一青銅拾疋　　高原郷在家村　佐兵衛
一同百文　　同村　長吉　孫八
一同　　同村　甚助
一同　　同村　惣右衛門
一銀壱匁　　同村　惣助
一同　　同村上北　平助
一同　　同村上北　作右衛門

一同　同村　喜左衛門　徳右衛門
一同　同村　源四郎　孫三郎
一同　本郷村　善右衛門　儀兵衛
一同　蔵柱村金山　善七
一銀壱匁　越中国魚瀬住人　ヤリトギ屋門三郎
一同壱匁　高山三之町　江戸屋茂助

迦多賀嶽再興記（本覚寺文書）

抑飛騨国第一之高山迦多賀嶽ト申ハ、往昔ノ事ハ、不審。元禄年中円空上人登頂大日如来ヲ勧請シ奉り、阿観百日蜜行之霊跡トカ也。其後天明年中前宗猷南裔禅師・北洲禅師登山之時、阿弥陀師不動之三尊ヲ勧請玉フ。其節随伴施主之名簿金札之銘顕然タリ。雖然登山之道開キ是レナキ故ニ、惜哉、其後絶テ参詣

之輩等無シ。増シテや仏ノ御利益モ顕ルル事ナシ。歎ハ敷キ
次第也。サレバ拙老事当国如何ナル宿縁之在リ
ケルニヤ。去ル文政第四ノ年、不図モ此国到来シテ、
岩宿村山内釈氏窟ニ修行勤座シテ念仏之化
益不少。同行之面々モ床敷存知候故ニ、今夏
又再来シテ念仏修行致処、追々念仏法門ノ

不断栄フルハ、偏ニ仏ノ御利益ナリト尊ク
思イハンベリ。猶モ又仏恩報謝ノ思イ切ツナレバ
人倫応対ノ言語ヲ止メ、念仏ニ非ズンバ唇舌ヲ
不動ト誓イ、塩穀ノ断テ、無言ノ別行相違ナク
相勤竟又。此ニ於テ一夕案思ケルハ、此ノ岩窟ニ
続ル高峯ニ上リ、清心ヲ澄念仏修行セバヤト存シテ、
其レヨリ深山分入リ分上リ、尾越ヘ峰越ヘ、谷ヲ越ヘ
岩々峨々トシテ嶮峻ナル事言ン方ナシ。漸々トシテ
絶頂ニ上リ、暫時念仏ス。山鬼・山神ノ気ヲ

窺イ看ルニ何事モナシ。四方ヲ平臨スルニ、南方ハ濃州・勢州、北ハ越州・賀州、朝光ハ不二山・立山・白山ト拝シ、斜陽ニハ西海ニ日没ヲ拝ス。誠ニ一座ニ三山拝ヲ見スル事ハ、当国無双之霊山ト覚エケル。此ル名山エ路開キ無キ故ニ参詣ノ人

ナキ事、誠ニ残念ナル事ニ思イ、先年勧請ノ札ヲ袖ニシ下山シテ、直ニ本覚禅師詣シ、件ノ札ヲ出シ、道開ノ志願ヲ談シ、御随喜ノ許容サルヽニ於テハ、拙老仏恩報謝生前ノ本懐是ニ過ク不可ズト申セバ、禅師ノ曰、天明中ニ宗猷両師勧請ノ事跡ナレトモ、路ナキ故ニ吾モ今日迄登山ノ志シ空ク過シメ、道開キノ志願随喜限リ

ナシ。先ツ天明中登山ノ案内・本願、今見公明ト有レバ、今見氏エ談シ申ベク由ニ付、直ニ今見氏エ参会シ申シ談シケレバ、今見ノ主モ喜悦ノ志シ

深ク、即日ニ山元ノ村役中ヲ相招キ、談合在リケレバ何レモ随喜承知ノ志也。是レ偏ニ時節到来、念仏ノ御利益、別シテハ、迦多賀嶽大権現ノ神慮ニモ相叶ト尊ク思イハンベリヌ。扨、山元ノ村方勇ミ進テ案内ヲ

致サルヽ次テ、登山ノ道ヲ分始メ、拙衲安居ノ窟ヲ最初発心ノ地ト定メ、山元笹嶋村迄ヲ歓喜地ト定、夫レヨリ下品下生ト定メ、頂上迄ヲ浄刹九品ノ蓮華台ニ準ラヘ、十地果満、念仏三昧ノ霊山ト定ム。我等今度宝土往生ノ素懐ハ、仏祖方御苦労ノ深恩ナレバ、岩間樹下ノ止宿モ、難所開闢ノ苦労モ、皆是レ仏恩報謝ト心得、念仏シ玉

ヘシト申セバ、取持中何レモ勇ミ進テ働キケルニ、不日ニ大ニ開ケリ。一ノ肩八分目ニ岩窟在リ、拙老ハ此窟ニテ精進別行シテ、三日ノ間山頂エ上リ勤行シ、一日一夜ハ立禅定致シ、時茲レ七月廿九日、年内専要成ル風ノ

縁日二百十日ニ当レトモ、一天開晴ニシテ少ノ風気モナク、無事無難ナリ。弥晦日迄ニ道開臻成就致シケレバ、誠ニ最初発願ノ日ヨリ五十日修行満願ノ日ニ当リテ、

五穀成就ノ縁日、八朔ノ節ナレバ、山開ノ吉祥日ト定メ、早震山頂ノ宝前ニ勤行、当山再興回向心願ニ曰ク。上来念仏修行功徳力ヲ以、仏祖広大深恩ヲ報謝シ奉リ、及法界平等利益、別シテ、扇希所ハ、今上皇帝宝祚万々歳、征夷大将軍御治世万々歳、当国御郡代御武運長久、御役人衆武運永久、国内安全・五穀豊続、当郡村々氏子中息災延命、二世請願

満足一度当山エ参詣ノ行者、誓テ三悪道ニ不墜、悉皆帰入念仏法門。謹白。礼拝竟テ皆ナ同音ニ念仏申シ、山本笹嶋村ニ下リケレバ、老若男女打揃山路迄出迎イ到サレ、気特千万ニ候。

何レモ皈依ノ願イナレバ、此村ニ於テ別時念仏修行致シ、又ソロ御礼報謝ノタメ、五日二十八人同行打揃テ登山参詣致ソロ。各絶頂峨々

見エケレバ勇ミ進テ、上リ着者三人燈明ヲ捧ケ拙老相待処ニ、漸々半時計リ後レテ上リ着ク。其間皆々悠々然トシテ休ミイタリケルニ、何ノ子細モナシ。暫クシテ仏前ニ向イ、焼香三拝シテ勤行ヲ始メケルニ、時ハ早七ッ過、日光ハ西海ノ雲ニ隠レ玉フ。山ハ浮雲ニ包マレテ、四方共ニ分チ難シ。一心念仏ノ中不思議ナル哉。阿弥陀仏雲

中ヨリ出現シ玉フ事三度也。是レヲ拝スル者ハ只三人也。拙老念仏竟テ礼拝ヲ行スルニ至テ、二度目ノ拝ニ初テ拝シ奉ル。未曾有ノ思イ忝ナク、尊形ノ間纔ニ三間計リ。尊容ハ丈六ト拝シ奉リヌ。大円光ノ中ノ廻リハ白

光色。次ノ輪ハ赤光色。外輪ハ一面ニ
紫光色ナリ。円ナルコト如大車輪、雲上ニ

照リ輝カセ玉フ。金体ヲ拝シ奉リ有リ難キ思イ、言語ニ尽シ難シ。一座ノ連中ニ向テ、如来ヲ拝ミ奉ルベシト案内シ、一心称名ノ中早雲中ニ没シ玉フ。其レヨリ礼拝竟テ、一同エ十念ヲ授ケテ後、各一同ニ如来ヲ拝ミ奉ルヤト尋ねケレバ、三度拝見シ奉ルト申者三人ナリ。其ノ余ハ拝セズト申。サ有ハ、今亦御出現ヲ待ツベシト一心ニ念仏ノ中、又浮雲

開テ尊容現シ玉フ。各拝スベシト申セ共、亦一人始テ拝ミ奉ルト申、以上四人也。其ノ余十四人ノ者ハ拝ミ奉ラズト申シ、残念顔色ニ顕レケル間、拙老モ、各一座ニ参詣シテ拝見致サヌ事ハ、誠ニ残念之事ニ存ル也。各性心ヲ一ニシテ念仏シ玉へ。今一度御出現ヲ願イ奉ルベシ。即チ十八人者大十八之願ニ当レバ、

是非一同ニ拝ミ奉ル様ト専念称名之中、

慈願空シカラズ、八九間ノ向フ雲上ニ出現シ玉フ。
其レ今御出現在ラセ玉フナリ。早ク拝ミ奉ルベシト
申セバ、十八人一同ニ、アラ忝ケナヤ、南無阿弥陀仏ト
拝ミ奉リ、暫ク称名ノ中ニ雲隠レ、又現ワレ玉イ、三
度迄一同ニ拝ミ奉リ、各歓喜ノ涙ヲ流シ喜ヒテ
ケリ。其人中ノ内三人者初ヨリ七度拝ミ奉リ、一人ハ
四度、残り十四人者三度ナリ。是レ不同ナリトイエトモ

十八人一同平等ニ拝シ奉ル事有リ難キ仕合ナリト、
喜ヒテ一丁計リ下リテ、一夜ノ宿モフケ明シケル、暁
天ヲ待テ山頂ニ詣シ、勤行終レバ雨降リ始リヌ。是ハ、
当夏ヨリ旱魃勝ニシテ田畑枯焦シ、諸民ノ歎キ
一方ナラザル故ニ、先達テ登山ノ時ニ、来ル五日迄ニ山開
大願成就ナレバ、六日ヨリ国中一同エ慈雨ヲ玉ワルヨウ
ト願置ク処、願ノ通リ雨ノ降りケル事ハ、誠ニ今

度再興山開ノ事、当大権現ノ神慮相叶フ
事顕然タリト、喜ヒ勇ンテ山ヲ下リケル。九ッ時ヨリ
雨晴レテ、麓トナル笹嶋村ニ一同無難ニ着致シケリ。
村方一同打寄、誠ニ最初ヨリ少ノ障モナク、不
思議ノ奇瑞トイヽ、又雨フリケル事、偏ニ神仏ノ
御利益ナリト皆々感シケリ。此比悪口不皈依
ノ輩モ、此奇瑞ニ急チ皈伏発心ノ善者トナリ

シ事ハ、大権現ノ加彼カナラズヤ。尚又当山参
詣ノ道永々怠転ナカラ令ン為ニ、毎月八日ト
定メ念仏講ヲ結ヒ置キ申間、村内若男
女相互ニ和合・孝道常ニシテ、公法ヲ堅ク相守リ、
檀那寺ノ教化信心ニ承ハリ、今生ヨリ後生ニ
至ル迄、仏祖ノ高恩不忘ル様ニ報謝スベキ
事肝要ト心得可キ也。其当山道開ノ事ハ、

本覚弾師ノ御厚志、次テハ在家村上北氏・和仁
氏両家、当村役元今見主、村方中ノ御取持ニ
依テ無難ニ成就致ス事ハ、拙衲生前ノ本懐、
辱ナク存シ入リソロ。会者定離ノ金言空シカ
ラズ。予モ又本国山城ニ返ント思フナリ。皈依ノ同
行中モ暫クノ暇乞ト存シサムラヘバ、是迄勧メ申
申所ノ念仏ノ安心ニ違ハズ信心深キ輩者、
釈迦・弥陀ニ尊ノ慈心ニ相叶申故、今度

我等往生ノ一大事ハ、仏智他力ノ不思議ヲ以テ
助ヶ玉ハンコト、更々疑ノ心ナク、称名念仏可申
事肝要ナリ。是レ拙老後来迄之遺言也。
余は宝場再開之時ト令存略者也。
尓云。
文政六癸未年仲秋廿二日　於本覚仏殿謹書
山城国念仏行者　播隆（花押）

付録

第一当山御印文之事、次ニ先前登嶽ノ
諸禅師並ニ諸尊勧請ノ事記、今度再
興記録、山道九品十地里数之定、勤行之
式、参詣人行法定等、永々怠転無之、
要文万事本覚禅師ニ致願望置者也。

（以下の記述は異筆なり）
未八月五日山城国下鳥羽一念寺蝎誉和尚弟子
念仏大行者播隆上人加多賀嶽登山同行
十八人連中御来迎礼拝名前

笹嶋村　　　笹嶋村　　　上平村
嘉兵衛内　　定右衛門　　五郎四郎
最初ヨリ礼拝
初之助　　同　　　同
同村
助右衛門　　藤　助
平　作　　同　　赤桶村

赤桶村　与惣　与作
与吉　同　田比家村
宇太　五郎左衛門
同　在家村
二度目ヨリ　笹嶋村　嘉平　平助
佐右衛門　同　同
和助　（記入なし）
同　岩井戸村
千太郎　兵吉

上品上阿弥陀仏金座像、金丸厨子入、惣丈一尺五寸余、
施主山城州伏見下油カケ町　吹田屋弥三郎・同母・同妻也。
播隆上人、七月廿四日高山着、廿六日高原へ越シ、廿七日当山へ相見へ
申候。
廿八日ヨリ岩井戸釈氏窟へ移リ、八月四日迄修四日、笹嶋村参リ休息、
八月五日迦多賀嶽登山、天気吉、笹嶋村同行始村々ヨリ参詣
予州松山之久馬、摂州大阪十楽町利八、回国弐人同道、其外

惣人数〆六拾六人也。是モ不思議之一ッ也。絶頂へ八ッ時、先組人数登着。本堂作リ候処、不思議哉、一光ニ三尊之弥陀如来出現。一同奇異之思ナシ、一度南無阿弥陀仏ト昌へケル。夜ニ入リテ、上人ト六部弐人者御前ニ禅定修行、其外之者ハ一里計リ下リテ、火ヲ焼、皆々籠モリケリ。此時ニ不思議之事ハ、足ヨハキ者八人ヲクレ、絶頂ヨリ二里下リニ宿リケルニ、二里ソラナル処ヨリ大ナル火下リ行ヲ見テ、回国思イケル。上人之御戒ニテ、多バ粉禁制故ニノミたき者下ノ宿リへ行ト思イケリ。其火下リテ、下ノ宿リ多ル処ニテ、焼火ト一集ニナリモへケリ。不思議ナリケリ。

迦多賀嶽詩之序

恵　海

（いかなる理由によるものか、切り取られている）

五仏放テレ光射ル二界間ヲ一　峯頭降ニ見ル万重ノ山

夏天氷解テ春漸ク動ク　乗二白雲一来テ日往還

同　永昌寺　門首座

国中不二ノ大高山　八朶芙蓉似リ二冨山ニ一
可シレ憐雲霧分ツコトヲ二辰旦ヲ一　奇哉此ノ興類二何山ニカ一

夫迦多賀嶽者鎮メ二国之東方ヲ一去ルコト二治府ヲ一十里余。従リ二高原郷笹嶋村一登跡スルコト又九里也。超絶メ烈嶽ニ二刕郡無双之高峯也。蓋天明二歳当嶠前住南裔北州両師登山之時、勧請メ弥陀薬師不動三尊ヲ一、而為ス二国家之鎮護トニ一。竟今亦応シテ二本覚椿宗禅師願望一奉二納シテ大日銅像於千山巓之霊窟以欲レ令為二万歳登拝之能縁一者也。記メレ焉寿スルニ二不忘ヲ一賦二伽花一片一其詞曰

節兼彼ノ迦多一峯　巖々八朶玉芙蓉
五尊鎮座霊光益シ　九里ノ溪行雲霧鐘ル
東方照シテ二冨山ヲ桑海白ケ　西ノ方臨二震旦ヲ一夕陽春
乖天何地ソ使メンレ二誰ヲ説カ一　不レ識蒼溟風色濃ナルコトヲ

現宗猷十三世住

文政七甲申秋日　英春堂草

上　笹ヶ嶽一件　笹嶋村（本覚寺文書）

一　礼

吉城郡高原郷笹嶋村山内笹ヶ嶽は、往古よりニて仏神共ニ御勧請有之。例年村方ニて、湯花祭り等相勤来リ候。然る処近来ハ手届不仕罷在候。今度山城国念仏行者登山ニ付段々御世話被下、参詣路等も相続仕り候様御手当被成下候趣、村方一同忝奉存候。尤も右之儀ニ付毛頭古障ヶ間敷事共無御座候間、何分己来ハ諸般宣敷御差配被下、永久相続可仕様御頼申上候。為

後日山元村方納得連印之証札仍而如件

笹嶋村百姓惣代

助二郎 ㊞

文政六未年八月日

同断　組頭

彦太郎 ㊞

両村兼帯名主

今見村

右衛門 ㊞

本郷

本覚寺

御当職座下

大ヶ嶽之記（本覚寺文書）

其レ迦多賀嶽者鎮二護メ於高原郷ヲ一
蟠二窟メ東方ニ一而為リ二青霄ニ千秀冠一
也添テ二神通河之流ニ一従リ二笹嶋邑ヲ一

躋攀ルコト九里余古木空洞怪巖ン
奇石嶮々峻々トメ苔路滑也実ニ
是レ国中不二之霊山也上古者更ニ
　大永年当寺中興道泉禅師登山其後
雖トモレ不トレ審ニ天正年間山神奇怪之
事ハ見タリ二太子堂ノ縁記ニ也一次テ元禄年
間濃陽弥勒寺ノ開祖円空
聖人当郡五嶽練行之時就ク
中大ヶ嶽者阿観百日蜜行
満願之霊跡也即手ラ彫二刻メ大
日如来ヲ一為リ二安置セ一其ノ後絶テ至テ二
天明年中ニ一前住宗猷南裔
北州ノ両師及ヒ当嶠先師登山。
先ン案者。今見公明同伴橋爪
源八山ノ内与五郎野川庄八都竹
久四郎同忠九郎永井宗元
其余六七輩也同札ノ銘今尚ヲ

顕然タリ此ノ辰キ為リ三勧二請セリ弥陀仏
薬師不動大日尊ヲ一次テ十一面
大士之像者古川林昌寺古林
禅師伝与メ舟津ノ駅牛丸宗
享居士ニニ一奉納ス故ニ以上五尊也
惜哉ナ其ノ後絶テ無シ二参詣ノ輩ラ一何ノ幸ゾ
也去ル文政五午ノ歳山城ノ国念仏
行者播隆上人来錫而岩井戸
山内棲二息スルコト釈氏窟ヤニ一連年殊ニ
木食無言之別行半夏満願之
暁キ感二得シテ聖者ノ来告ヲ一一朝乗テレ風ニ
登リ二嶽頂ニ一顧スルニ二面四方ヲ一東南ハ連峰
衝テ天雲ヲ二聳ヘ西北ハ滄溟ニメ無キ二海
崖ケ一也凡ソ平臨シ扶桑半州ヲ不レ動
寸歩ヲ一目二送ス冨白立ノ三山ヲ一実凝フ
羽化メ登仙スルカト又怪シ似ムルコト二上天一可ヲレ悲ム
人跡絶テ五十有余年堂龕廃

壊シテ不レ見二其ノ形ヲ一唯タ銅像二尊存
在スル于岩間一耳漸ク拾一得テ銅札ツ施主ノ
銘簿二枚ヲ一降リレ山ヲ来テ語テレ予曰ク願者
再二興メ此ノ霊嶽ヲ一開キ二攀之路ヲ
欲ス三教メレ衆ヲ拝二観セシメント是ヲ一宣二許助一否ヤ
貧道暫時嘆息而不尌一歓喜ニ
共ニ勧ン二進ス之ヲ一於テレ此不日ニ得タリレ開コトレ道ヲ
于時文政萬ノ年六甲未ノ秋八朔也
一日一夜峯禅定修行念仏回向
竟而麓ト下リ二笹嶋村一於テ二円通堂ニ一又
二夜三日別時念仏満散之日再ヒ
登山老若十八輩イ八月五日七ッ時也
異口同音ニ念仏礼拝之間不思議哉
阿弥陀仏雲台ニ顕現シ玉フ円輪五色
光明赫々ク妙相四八金身巍々タリ
上人衆等歓喜涙タ龍鐘タリ漸々ニ
如クニ二影ノ消スルカ一相イ似タリ各ノ得テ二奇瑞ヲ一感嘆

無ンレ言ハ上人従レ是帰ルレ洛ニ且ツ又タ今歳
初秋廿六日奉ニ持シ弥陀ノ銅像ヲ一来テ
欲スレ納トニ山頂ニ一則チ施主者山城ノ州ニ伏見ノ
吹田氏親子也中秋五日登山同行
六十六人ノ中チ有リニ回国行者二人一至テニ天頂ニ一
造ニ建スルノ仏龕ヲ一之間タ不思議哉一光
三尊ノ弥陀顕現シ玉フ五色雲霄上
光明遍照十方世界念仏衆生
摂取不捨之金文眼前也一同感ニ
拝此ノ奇瑞ヲ一称名歓喜作礼而
退下ス依テレ之弥々近里之村民増
益シ信心ヲ一永久欲スレ令メンコトヲレ無カラニ怠転一于時
鎮国之賢良者芝源々君也
寄附メ迦多賀嶽大権現神鏡
及五尊之宝印一以テ令ルニ一天
清平武運永久国民安穏
五穀豊熟蚕業昌栄専ヲ祈

願セ一者也其レ当嶽ク往古ハ雖トモレ号ト二
傘ケ嶽ト一傘之字避ル二天恵一之具也
故ニ矣登嶽之節雨雪ノ難在リ
字義不レ宜故ニ奉リ二公許一今改ム二迦多
賀嶽ト一則神躰者奉リ四勧二請シ三近江
国多賀大明神ヲ一而奉ルレ称迦多賀
嶽大権現ト二者也本命ハ伊册諾ノ
尊辱モ本地法身者西方無量寿
仏而人々寿命之太神也又天
頂ノ五尊者五智五行五倫大権
現之惣体也一度参詣之行
者信心願求スル則ンハ諸願無シレ不レ為ト云コト
満足セ一挙二揚セバ其ノ証ヲ一十一面陀羅
尼経ニ日若シ有テ二衆生一誦二持シ神咒ヲ一
称二念セハ我名ヲ一一切ノ所求必定成就セン
富貴自在無病安楽ニメ得一智
弁才ヲ一世出世ノ事無クレ不称意乃イ至

証得セント無上菩提ヲ一云云授ケ玉フハ福徳智
弁才一十一面大士也亦大聖不動
明王ハ者降二伏シ悪魔ヲ一授ケ玉フ二利運一不
動経ニ曰ク持メ二三昧ノ索ヲ一縛シ二難伏者ヲ一随テ二
衆生ノ意ロニ一而為シ二利益ヲ一所ロレ求円満スル
云云亦薬師如来者一切衆生ニ
与ヘ玉フ二無病薬ヲ一本願功徳経ニ曰ク我カ
此ノ名号一ヒ経ルレハ二其ノ耳ニ一衆病悉ク除キ身
心安楽ナラント云云亦次ミ弥陀善逝者
筵ノベレ妋ヲ与ヘ玉フ二長寿ヲ一無量寿経ノ十三
願ニ曰ク設シ我レ得ニレ仏寿命ニ有ニ二能ク限量一
下至百千億ノ那由他劫者不トレ取ヲ正
覚ヲ一云云亦大日如来者三世十方
一切法界皆帰阿字法門ト云云
故ニ現当両益ク如意満足也諸
尊者実ニ護ン二念ジ玉フコト有情ヲ一平等ニメ
如ン二一子コノユヘニ一故登山之行者信心願

求ノ者ハ無シ三諸大願不スルコト二成就セ一若シ不
信之輩ラ者参詣而モ却テ労メ無キ
　可レ慎可レ欽
功也上来之閑枝葉者今時
小児之所レ知也約ハ二祖宗門下一無シ
　独歩メ丹霄ニ一看ヨ
レ有ルコト二前件一白雲断処家山妙々

文政八酉中夏書于栖霞室中竟

【解説】

高山市上宝町本郷の本覚寺は播隆ゆかりの寺である。播隆らが行なった笠ヶ岳再興の拠点でもあり、笠ヶ岳再興の貴重な史料である「迦多賀嶽再興勧進化帳」「迦多賀嶽再興記」「上　笠ヶ嶽一件　笹嶋村」、及び本覚寺住職・椿宗による「大ヶ嶽之記」が残されている。

信州鎗嶽畧縁起（木版）

鎗嶽畧縁起

抑く信濃国鎗が嶽は、名だゝる高山にして、麓は、飛弾・信濃国両国にまたがり、峨々として、雲に聳ゆ。登ること十里ばかり、頂上に名にしおふ鎗岩あり。其高さ凡そ百間なり。此頂上は、往昔より踏登りたる人なしと。爰におゐて余発願して、去る文政十一年戊子の秋はじめて頂上にのぼり、銅像の阿弥陀如来、同じく観世音菩薩、木像の文殊大士の三尊を安置し奉る。しかるに、頂上直立の鎗岩なれバ、余踏ひらきたるのみにして、尋常の人絶て登るべき便りなし。しかれば、安置せし尊像の結縁も、空しく労して功なきに似たり。是を以て今茲天保五年午の夏再び勇烈の心を発し諸人をして登山せしめんものとおもふ。先嶽の麓の小倉村の信州安曇の内なり松本城下より三里西農夫又重郎といへる者の家にいたり、余が志願を告げ、六月十八日鎗が嶽に登臨す。この頃連日の雨天なりしが、不思議に快晴してけり。また去年は五穀不熟なりしに、ことしハゆたかに登しとて、世上も穏に聞えければ、心もやすく覚ふ。かくて、木を伐艸を刈り道をひらき、鎗岩直立七十間の間木の鍵を結ひ合せ、善の綱と名けて諸人登山のたつきとす。此におゐて、麓の又重郎并びに狩人弐人産業を止め、余に助力せんとて、頂上に登りけり。又其後、飛弾の国の黒鍬職の者労を助んとて、跡を慕ひ登山せり。此等の輩真実至誠も色に見えければ、其等をかたらひ、峰を平げ、石をたゝみ、頂上を竪三間に横九尺の平地となしぬ。

また木を彫て、方壱尺弐寸の祠を造り、銅像の釈迦文仏を安置す。初め其尊像奉持荷擔して百間の鎗岩を登りつる時、尊像の相好より御汗を流したまふを拝し奉るもの、みな奇異の思ひをなせり。かゝる霊験を顕したまふなれば、いよ〳〵末世利物の前表ならむとも、共に歓喜の涙をながしつつ、八月朔日本尊安置の供養をなさんと、兼て麓の村へ告おきぬが、其日に至り、松本新橋の佐助并に又重郎二人登山の刻蝶か嶽といへるまで登り、遥に鎗が嶽を詠むれバ、空より五色の光り糸のごとくに降り、鎗岩の根まで照し、半時ばかりにして消ぬるを拝せしとて、ます〳〵随喜称歎しつ、かくて、八朔に供養を修し、二仏二菩薩安置の霊場とハなしぬ。また黒鍬の平兵衛といへる者日の出の来迎を拝せんとて、八月六日の拂暁に頂上に登り、日光を拝し、また北方の空中を膽仰すれバ、径り四五間許りの円光を現ず。されど、本尊は見えたまはずと。これ罪障の雲覆へるゆゑならんか。さて、此頃上より十二三丁下りて、岩窟あり三間に五間許。修造して諸人参籠通夜の室にせんと浴すれども、力微にして、いまだ成就せず。もし、余が露命消しなば、後に有力の衆営造したまハんことを庶冀す。山頂開闢の志願成就して、八月中の二日山を辞しつ。はじめ参籠せしより五十三日にして、累年の素願を遂ぬ。これ仏天の擁護にあらんずバ、いかで速に成弁せんと、同志とともに歓喜雨涙に墨染の袖をしぼるのみ。冀がはくは、有縁の道俗衆等この大業を嘉し玉ひて、山頂にのぼり、尊像を拝したたまはんことを。登山の人〳〵現当二世の所願成就せん。更に願くハ、

此功徳をもって普く法界に施し、諸の衆生と共に安楽国に往生せんと。畧して縁起を誌し畢。時は天保五年申午八月朔日

一向専修念仏行者

播隆謹言

（祐泉寺所蔵）

附録

信州松本領鎗嶽方角、松本城下より三里西の方、御山の麓小倉村これより頂上まで十里計なり。此頂上三国無変の鎗岩也。故に金鎖無之して上下難致。仍而濃尾三信四ヶ劦の厚志を運び鎖掛置、登山安息可令者也。

天保七丙申四月　信州松本新橋　大坂屋佐助印施

（穂苅家所蔵）

附録

信州松本領鎗嶽方角、松本城より三里西の方、御山の麓小倉村、これより頂上まで十里計

信州松本新橋　大坂屋佐助印施

【解説】

播隆は生涯五回の槍ヶ岳登山を行なっているが、「信州鎗嶽畧縁起」は四回目の天保五年（一八三四）の槍ヶ岳開闢の内容を記したもので、播隆直筆のものではなく播隆謹言となっており、これが信濃松本新橋の大坂屋佐助によって同年七年、印施された。原本は祐泉寺（岐阜県美濃加茂市）、岐阜県図書館、穂苅家の三冊が確認されている。

三昧発得記（下書）

（玄向寺所蔵）

去ル未ノ夏、飛州迦多賀嶽ヨリ遥ニ見エケレハ、一度参詣

イタサハヤト思ヒ居タル鎗ヶ嶽モ、宿縁ノ花開ケ□□□
開闢イタシ、亦鎗ノ穂先ヨリ深谷ヲ遥ニ隔チ、雲ニ聳ヒテ
高々タル迦多賀嶽ヲ詠ムレハ、先年勧請ノ御仏モ在スニ、
当山ヨリ直渡ニ再参イタサント思ヒ立テ向ヒケルニ、野口蒲
田ノ谷ノ峰ノ取合、亦金木戸谷ノ水ホシ、鎗ニ続キシ峰十
六ヲ越エ、草ヲ踏フセ、ハイ松ノシケキヲ分テ、迦多ノ尾ニ□ト□
テ登リ、漸々七夕ノ前日申ノ半刻ニ至リテ、頂上仏前ニ拝
礼ヲ遂、日没西海ノ落日ヲ拝テ、四方ノ景色ヲ詠ムルニ、南
方ノ空、眼上ニ光明耀キタマヒテ、阿弥陀仏御出現マシ
マセハ、未曽有ノ心難有拝礼ヲ遂奉テ、ツク〳〵御尊容
ヲ拝し奉ルニ、其丈ハ九尺計リ也、亦大円光ノ内輪ハ白
光色、中輪ハ赤光色、外輪ハ一面紫光色ナリ。雲上ヲ
照リ耀キタマフ金体ヲ拝シ奉リ、亦如来ノ後ノ方ハ、谷深
クシテ中尾村アリ。其此村ノ空上ニ山県ナリノ形ナ
ル雲山アリ。其色ハ青黒キ色ナリ。其霊山高根ノ前
ニアリテ立タマフ。金体ノ御足ノフシヨリ下モ、雲ニ添
トイヘトモ、千幅輪マテ明カニ拝シ奉テ、歓喜ニスキ

ヌレハ岩上ニ暫ク打伏シ、頭ヲアケテ見レハ、元ノ虚空トナリニケリ。

天保五午年八月

念仏行者播隆書之

【解説】

原本には三昧発得記という題名はなく、後にそう呼称されるようになった。内容は播隆四回目の槍ヶ岳登山のおり、西鎌尾根を縦走して笠ヶ岳の山頂で御来迎を拝した時の記録である。末尾に「天保五年八月・念仏行者播隆書之」とあり、播隆直筆の史料である。中田家にあったものだが、現在は玄向寺（長野県松本市）所蔵となっている。

あとがき

生涯変わらず道を求めつづけた念仏行者播隆にとって山野、山岳は修行の場であり道場であった。おのれの信仰を高める求道、信仰を広く世に伝える布教、伝道は表裏一体で宗教の要である。

播隆にとって山は念仏修行の場であり、現実の宗教的な世界そのものであった。山脈のかなた、西方に沈んでいく夕日に仏の世界を想い、笠ケ岳、あるいは槍ケ岳の山頂で御来迎を拝し、念仏講の人たちとともに仏を視ていた播隆。独自の登拝信仰を確立、実践していた播隆である。

そんな播隆の足跡を追いながら、俗物である筆者も知らず知らずのうちに山の世界の素晴らしさ、楽しさを教えられていた。今では身近な低山に週一、二回登る山歩きが一番のリフレッシュ・タイムになっている。それは播隆たちが行なっていた登拝信仰とは異なるものだが、播隆研究の良きプレゼントとなった。

気がつけば三十年、播隆の調査で初めて岐阜県各務原市の伊木山を訪ねたのが昭和六十三年（一九八八）二月であった。まだ各地に播隆の修行場などの足跡が判明するかもしれない。古文書も眠っているかもしれない。ご一報くだされば幸いである。これからも調査、研究に励みたい。

最後に、佐光篤氏、降旗正幸氏、伊藤克司氏、勝村公氏にご敬示、ご支援をいただいた。お礼を申し上げる。また、まつお出版の松尾一氏に、本書の上梓の機会を与えていただいたことに感謝する。

本書によって山の播隆の事績を理解され、また研究の一助になれば幸いである。

黒野こうき

平成三十年十月一日

主な参考文献

『槍ケ岳案内記』（「槍ケ岳縁起」代田晒子）（鶴林堂・大正５）
　※『日本山岳風土記Ｉ北アルプス』（宝文堂・昭和 34）参照
『南安曇郡誌』長野県南安曇郡教育委員会（大正 12）
『槍ケ岳へ』塚本閤治（山と渓谷社・昭和 18）
『槍ケ岳の鉄くさり』浅見淵（翼賛出版・昭和 19）
『登山の夜明け』熊原政男（朋文堂・昭和 34）
『槍岳開祖播隆』穂苅三寿雄（私家版・昭和 38）
『山岳仏教念仏行者播隆上人』安田成隆（一心寺・昭和 44）
『上高地開発史』横山篤美（山と渓谷社・昭和 46）
『新選覆刻日本の山岳名著・解題』日本山岳会編（大修館書店・昭和 53）
『名古屋叢書三編・第十二巻「葎の滴　諸家雑談」』名古屋蓬左文庫 (昭和 56)
『風たより・N71 ～ 104』黒野こうき (私家版・平成１～９)
『善の綱』三郷村教育委員会 (平成９)
『安曇村誌第２巻』安曇村誌編纂委員会（平成９）
『槍ケ岳開山播隆＜増訂版＞』穂苅三寿雄・貞雄（大修館書店・平成９）
『飛騨新道と有敬舎』岩岡弘明（私家版・平成 10 年）
『播隆研究・第一号～十四号・付録』ネットワーク播隆（平成 12 ～ 29）
『ばんりゅう・通信 N01 ～ 36』ネットワーク播隆（平成 12 ～ 29）
『播隆・槍への道程』市立大町山岳博物館（平成 17）
『三郷村誌Ⅱ』第二巻・歴史編上（三郷村教育委員会・平成 18）
『播隆展・槍ケ岳開山とその周辺』松本市立博物館（平成 20）
『播隆・笠ケ岳再興』富山市大山歴史民俗資料館（平成 20）
『伊吹山と播隆』米原市伊吹山文化資料館（平成 25）

協力（敬称略・順不動）

穂苅貞雄（槍ケ岳山荘）
関悟志（市立大町山岳博物館）
布川欣一（登山史研究家）
正道院（岐阜市）
祐泉寺（美濃加茂市）
本覚寺（高山市）
降旗正幸（郷土史家）
前田英雄（郷土史家）
高橋順之（米原市伊吹山文化資料館）
交告具幸（登山家）
一心寺（岐阜県揖斐川町）
浄音寺（可児市）
玄向寺（松本市）
佐光篤（郷土史家）
伊藤克司（歴史研究家）

掲載地図

国土地理院の５万分の１地形図を 80 パーセントに縮小
船津、松本、槍ケ岳、上高地、信濃池田

ネットワーク播隆
播隆研究と顕彰を目的とした任意の研究団体。『播隆研究』『ばんりゅう通信』を発行。
事務局　〒505-0075 岐阜県加茂郡坂祝町取組 387-7（黒野 方）
TEL 058-383-8770　FAX 0574-26-7361

著者紹介

黒野こうき（くろの　こうき）

昭和27年生まれ。画家、詩人、地方史研究家。

円空研究から播隆と出会い、播隆の研究団体「ネットワーク播隆」を組織して代表を務める。

主な著書：詩集『どどどどどの歌』『円空山河』『川柳と漫画による近代庶民史』『賢治の風光』『岐阜の岡本一平』『播隆入門』『南無の紀行―播隆上人覚書』

撮影／黒野こうき

まつお出版叢書５

山《やま》の播隆《ばんりゅう》

2018年12月20日　第１刷発行
著　者　黒野こうき
発行者　松尾　一
発行所　まつお出版
〒500-8415
岐阜市加納中広江町68　横山ビル
電話 058-274-9479
郵便振替　00880-7-114873
印刷所　ニホン美術印刷株式会社

※ 価格はカバーに表示してあります。
※ 落丁本、乱丁本はお取り替えします。

ISBN4-944168-46-0　　C1315

まつお出版叢書シリーズ

①円空仏入門　　小島梯次
各地を巡錫した円空（1632～1695）の生涯は、修行と布教のための造像に貫かれている。機械と効率が幅を利かす現在、円空仏のぬくもりが再び求められているのではないか。円空仏は、まさしく庶民生活の中に息吹いている。

②木喰仏入門　　小島梯次
木喰（1718～1810）は、諸国を巡錫して、各地で多数の神仏像などを彫り奉納、90歳にして最高傑作といえる像を彫り上げた。木喰仏は、硬軟合わせた多様性を持つ木喰の個性が溢れており、「微笑仏」と親しみを持って称せられ、現在でも庶民の信仰の対象となっている。

③播隆入門　　黒野こうき
槍ケ岳開山で知られる播隆（1786～1840）は、地位のある高僧、学僧でもなく一介の聖であり、まさに庶民とともにあった。さらには登拝（登山）信仰を確立させて槍ケ岳念仏講や播隆講へと発展していく。

④円空と修験道　水谷早輝子
円空仏で著名な円空（1632～1695）は、「半ば人間、半ばカミ」として、山岳宗教者の系譜に繋がる和歌を詠む修験者であった。大自然に遍満する不可思議な世界を畏敬する円空の、想像力と感性の豊かさを伝える神仏混淆の世界が広がっている。

⑤山の播隆　　黒野こうき
「山の播隆」とは、山中の岩屋、修行場で念仏修行する播隆の足跡のことである。伊吹山禅定（山籠修行）、笠ケ岳再興、槍ケ岳開山・開闢、さらに修行の厳しい実態を明らかにする。それは本書に掲載された豊富な播隆の修行に関する古文書の解説によっても、十分に理解できよう。

⑥里の播隆　　黒野こうき
庶民と交流した念仏の布教、教化に生きた「里の播隆」の足跡は、数々の歌や、念仏講、各地にある播隆名号碑、あるいは名号軸など多数にわたっている。また播隆の書体や花押を分類、分析し播隆そのものを考察する。